葡萄牙

粟子　著

旅圖攻略

里斯本 ╳ 波爾圖 ╳ 科英布拉 ╳ 埃武拉
吉馬良斯 ╳ 辛特拉 ╳ 奧比多斯 ╳ 布拉加

食衣住行，走跳葡萄牙六大暢遊錦囊
保險、車票、自駕、退稅，旅遊資訊全都錄
六大世界文化遺產 ＋ 八大葡式風情城鎮

最詳盡的葡萄牙自助旅遊書！

目　錄

葡萄牙，Obrigada ！

親朋得知亞洲粟即將變身葡國粟，反應不脫（就是那個）「葡式蛋塔的葡萄牙」、「曾殖民澳門的葡萄牙」、「喊出福爾摩沙的葡萄牙」、「產波特酒的葡萄牙」、「磁磚畫很美的葡萄牙」、「愛吃魚罐頭的葡萄牙」以及「浩翔口中『蕭條走一回』的葡萄牙」……。

實際到了那兒，我陸續吞了十幾顆葡式蛋塔，（偶然地）和曾赴中國旅遊的遛犬老太太聊起澳門今昔，（刻意地）搜尋在發現者紀念碑旁、馬賽克航海地圖的福爾摩沙蹤跡，飲了酒莊精心釀製的年分波特酒，看了多不勝數的精工磁磚畫，買了沉甸甸的沙丁魚罐頭……唯獨曾經「空巷」的蕭條，近兩年已因蜂擁的「老外」越發蓬勃。

這個崛起於地理大發現、18 世紀因 9 級大地震衰落、早幾年更一度深陷歐債危機的南歐國家，如今憑著深厚的祖公產與成熟的無煙囪工業谷底翻身，屢屢在最佳旅遊國家與城市評比中名列前茅，迸發令人驚豔的軟實力。「能想像之前有多冷清嗎？」奔竄於里斯本阿爾法瑪舊城區的 TUK TUK 駕駛餅乾妹（一遇紅燈或塞車就吃餅乾）坦言變化就在轉瞬間，世界的源源「活水」不僅讓她這樣的年輕人得以留在家鄉賺觀光財，亦是國家脫離破產危機的最強救援。

別於印象中的歐洲，當地旅社都有提供免費且穩定的 Wi-Fi，無料洗手間不少且常備衛生紙。至於最擔心的語言不通，同樣一路順暢，葡人雖不屬笑臉盈盈的熱情奔放咖，卻是有問必答的低調善意派，加上多有「遇老外說英語」的心理準備，即使不是人人流利（有時太流利反而造成精神壓力），但都能面帶微笑地說上幾句。更棒的是，他們天生「目色」好（再忙只要新客進門就會立馬招呼）、反應快（依情境猜測問題）、腦袋靈光（尤其表現在找零上），比手畫腳也能溝通無虞。

　　儘管免說葡文就能暢遊葡國，但自覺踩在人家地盤上的我，仍透過日常互動習得「O-bri-ga-do」，這個乍聽有幾分類似日文「ありがとう」（arigatou）的單字，恰好也是葡文「謝謝」的意思。藉由ありがとう記住 Obrigado 的我，便在葡萄牙儘量活用練習，如同咱們聽到老外說「謝謝」的心情，葡萄牙人對於突如其來的 Obrigado 襲擊，常以比原先更燦爛的笑容回應……後來才知，Obrigado 屬陽性的謝謝，咱們女孩兒則應說「Obrigada」！

　　於是，葡萄牙不僅讓我一睹花磚教堂、公爵城堡、富豪莊園的富麗，一聽法朵的現場感染力，一嘗傳說中的波特酒與葡式蛋塔，更讓我憑著一句 Obrigado 一秒從歐巴桑變成歐吉桑～

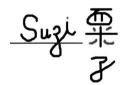

放眼葡萄牙

聖地牙哥・德孔波斯特拉 Santiago de Compostela

3

維戈 Vigo

4

布拉加 Braga

2

5 吉馬良斯 Guimarães

6

波爾圖 Porto

7

8

阿威羅 Aveiro

科英布拉 Coimbra

薩拉曼卡 Salamanca

馬德里 Madrid

大西洋

10

11

法蒂瑪 Fátima

1

奧比多斯 Óbidos

13

12

辛特拉 Sintra

9

西班牙

14

里斯本 Lisboa

15 埃武拉 Évora

哥多華 Córdoba

16

葡萄牙

塞維亞 Sevilla

法魯 Faro

17

旅行時間列表

1 馬德里 ⇄ 里斯本
飛機 1h15m、火車 10h30m

2 馬德里 ⇄ 聖地牙哥・德孔波斯特拉
飛機 1h10m、火車 5h20m

3 維戈 ⇄ 聖地牙哥・德孔波斯特拉
火車 50m

4 波爾圖 ⇄ 維戈　火車 2h20m

5 波爾圖 ⇄ 布拉加　火車 1h ～ 1h20m

6 波爾圖 ⇄ 吉馬良斯　火車 53m ～ 1h13m

7 波爾圖 ⇄ 阿威羅　火車 32m ～ 1h09m

8 波爾圖 ⇄ 科英布拉　火車 1h30m ～ 2h

9 科英布拉 ⇄ 塞維亞　巴士 11h

10 里斯本 ⇄ 波爾圖　飛機 1h、火車 2h30 ～ 3h

11 里斯本 ⇄ 科英布拉
火車 1h43m ～ 2h37m

12 里斯本 ⇄ 法蒂瑪　火車 1h17m ～ 2h43m

13 里斯本 ⇄ 奧比多斯
巴士 1h5m ～ 1h15m、火車 2h13m ～ 2h57m

14 里斯本 ⇄ 辛特拉　火車 40m ～ 44m

15 里斯本 ⇄ 埃武拉
巴士 1h30m、火車 2h5m ～ 2h22m

16 里斯本 ⇄ 法魯
飛機 45m、火車 3h33m ～ 4h12m

17 法魯 ⇄ 塞維亞　巴士 3h

Part 1

「葡」有魅力
—— 走跳葡國
6大暢遊錦囊

Portugal

　　地處伊比利半島西側的葡萄牙，光芒總是被鄰居西班牙掩蓋，旅行團或自助客常把她視為「順道一遊」的附屬，里斯本、羅卡角、波爾圖兩三日內匆匆一瞥，最後只得個葡式蛋塔、歐陸最西端與波特酒的片面記憶，說來著實可惜。儘管得飛越大半個地球才能一親芳澤，但只要曾細細造訪葡萄牙的旅人百分百讚不絕口，足見她的獨特魅力……想知道在葡萄牙有什麼非吃不可、非看不可、非買不可？該如何選擇旅館、遠離扒手？以下6項要點整理，讓您一讀就通！

好「葡」食

　　葡萄牙的主食除馬鈴薯、麵包外，米也占有一席之地，整體而言調味偏濃，甜點糖度極高。此外，葡萄牙因地理位置靠海，魚蝦蟹貝類等海鮮種類豐富，常見入菜的有馬介休、墨魚、章魚、蝶魚和各種貝類，全國海產消費量達歐洲第一、全球第四。葡萄牙菜以橄欖油、大蒜、番茄、海鹽為基底，料理方式則偏好燒烤、油煎與燉煮。

葡式蛋塔

　　最具代表性的葡式蛋塔（pastel de nata），幾乎所有咖啡店都有供應，有的奶味較重、有的添加薑汁提味，基本不脫「塔皮酥脆」、「塔芯濃郁」、「甜度適中」（少數沒有甜到爆炸的甜點）原則，食用前可再撒上肉桂、糖粉，更添風味。需留意的是，葡萄餐館的麵包、奶油、前菜、主餐、飲料均為各別計價，入席後，服務生主動送上的麵包、奶油、醃漬橄欖都非免費（€ 1 起跳），若不需要可請對方收回。

馬介休

　　儘管不乏沙丁魚、鮪魚等新鮮魚貨，葡國人民卻獨沽用鹽醃漬的鱈魚 —— 馬介休（Bacalhau）一味，從超市到市場均可見到或整尾或切塊的馬介休，據傳在葡萄牙有超過1,000 種烹調馬介休的食譜，熱愛程度不在話下。

　　早在 15 世紀，葡人已掌握醃漬鱈魚的技術，17 世紀晉升為餐餐必現的主食，目前食用的馬介休則是產自挪威、冰島等高緯度國家。對他們而言，馬介休不僅有耐

久放、價格適中、滋味佳等優點，更是傳統飲食文化的重要部分、心目中「真正的朋友」（fiel amigo）。

葡式海鮮燉飯

吃不慣西班牙海鮮燉飯（paella）或義大利燉飯（risotto）的夾生米？飽含鮮香、粒粒熟透的葡式海鮮燉飯（arroz de marisco），讓飄洋過海的臺灣同鄉他鄉遇故知，驚呼「這不就是咱的海產粥」！每間餐館雖都有一套燉飯祕方，唯不脫離以下步驟：先將大蒜、番茄、洋蔥、白酒、橄欖油翻炒，加進以蝦頭熬煮的高湯及熟飯，最後再放入龍蝦、蛤蜊、螃蟹、扇貝等食材。葡式海鮮燉飯多以深鐵鍋或陶鍋盛裝上桌，用料豐富、鮮美鮮香，是光顧葡國餐廳的必點料理。

豬扒包／溼答答三明治／波爾圖豬下水

澳門的招牌美食豬扒包，同樣是源於葡萄牙的 Bifanas，簡言之就是「將醃漬里肌肉片滷煮後，夾入抹有芥末或辣醬的熱麵包」的類潛艇堡，是不到新臺幣百元就可品嘗的經典超值 B 級葡式美食。此外，來到波爾圖也別忘記嘗嘗 2 款在地經典「Francesinha」與「Tripas」，前者是暱稱「溼答答三明治」或「法國小女孩」的夾肉淋醬三明治，每間店都有自家講究調味與獨家內餡，有的鹹濃、有的清爽、有的夾牛排、有的放荷包蛋；後者為豬肉、豬肚、香腸與牛肚一類內臟和馬鈴薯、白豆及月桂葉、孜然、巴西里（洋香菜）、荳蔻等大量香料燉煮的波爾圖豬下水，香料滋味濃郁溫潤，白豆軟糯、肉質有嚼勁，是波爾圖流傳數百年的傳統內臟料理。

尚「萄」醉

　　來到葡萄牙，品嘗道地葡國傳統美食之餘，動人心弦的法朵（Fado）與醇厚甜美的波特酒（Vinho do Porto）同樣不容錯過。更棒的是，只需晚間光顧當地餐館或小酒館，便可一次滿足美食＋美聲＋美酒 3 種願望！

法朵

　　飽含濃烈情感的法朵，源自拉丁文「Fatum」（命運、宿命），亦稱作葡萄牙怨曲或命運悲歌，為葡國最具代表性的音樂類型。

　　法朵的明確起源已不可考，文字紀錄可追溯自 1820 年代的里斯本阿爾法瑪舊城區，最初流傳於水手、妓女間，Maria Severa Onofriana（1820 ～ 1846）是首位

以演唱法朵而廣爲人知的傳奇歌手。與日本演歌相仿，法朵的歌曲形式需遵守一定結構，最大特徵是善於運用彈性速度（Rubato）。法朵內容常以苦難哀傷、貧困掙扎、渴望愛情爲主軸，但也有帶動歡樂氣氛的輕鬆歌曲，樂曲節奏取決於歌手當下的情緒起伏，演奏者會依照音樂的旋律強弱加快或放慢，使歌曲更爲動人與感染力。

法朵的主流表演模式爲歌手、葡萄牙吉他手、古典吉他手的 3 人合作，類型有里斯本法朵（Fado de Lisboa）、科英布拉法朵（Fado de Coimbra）2 種，前者爲女性演唱，聲線或嘹亮婉轉或滄桑低迴，情感既收斂又濃烈；後者則是由穿著科英布拉大學傳統黑色長披肩（Traje Académico）的男學生擔任歌者，嗓音或清亮高昂或渾厚飽滿，蘊含朝氣與生命力。除了歌者性別，表演結束時的叫好方式也有差異，里斯本法朵是預留幾秒停頓後再鼓掌，科英布拉法朵傳統上爲清喉嚨的聲音（現在同樣爲掌聲）。

波特酒

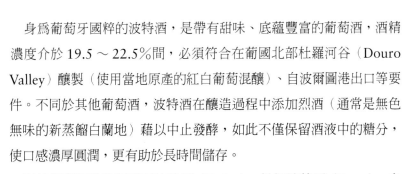

身爲葡萄牙國粹的波特酒，是帶有甜味、底蘊豐富的葡萄酒，酒精濃度介於 19.5 ～ 22.5% 間，必須符合在葡國北部杜羅河谷（Douro Valley）釀製（使用當地原產的紅白葡萄混釀）、自波爾圖港出口等要件。不同於其他葡萄酒，波特酒在釀造過程中添加烈酒（通常是無色無味的新蒸餾白蘭地）藉以中止發酵，如此不僅保留酒液中的糖分，使口感濃厚圓潤，更有助於長時間儲存。

別於即開即飲的紅寶石波特酒（Ruby）、粉紅波特酒（Rose）、白波特酒（White）、茶色波特酒（Tawny）等常見款式，特選豐收年葡萄所釀造的年分波特酒（Vintage），則需要杯中醒酒或醒酒器。一般而言，年分波特

酒只占每間酒莊生產量的一小部分,裝瓶前通常先密封在木桶中「氧化陳釀」(可以少量接觸空氣)2.5年後,再裝入瓶中繼續「濃縮陳釀」(與空氣隔絕)10至40年,是稀有而具收藏價值的頂級酒種。

　　除此之外,還有介於上述兩者間的晚裝瓶年分波特酒(LBV),其原本是為年分波特酒而生產的高質量葡萄酒,但基於種種原因在桶中擱置逾年,比正常時間晚4～6年才裝瓶。

　　晚裝瓶年分波特酒仍保有該年分的特色與品質,售價卻較同期的年分波特酒略低等;關於波特酒的學問既深又廣,可參與波爾圖各酒莊推出的導覽試飲團(收費€10、解說30分+試飲2杯),邊飲邊看、邊看邊學。

參加波爾圖當地酒莊導覽團,品酒長見識

住「牙」通

葡萄牙住宿價位在歐盟國中可謂實惠，房價因淡旺季而有差異，旺季 4 至 10 月（暑假 7、8 月為大旺季）調高，淡季則有折扣，旅社會將全年價目表公告於櫃台。除房費與稅金，首都里斯本會另外徵收每人每晚€ 1 的城市稅（最多至€ 7），入住時直接繳予旅社。如確定造訪時間，不妨透過 Bookimg.com、Hotels.com、Agoda 等提前預訂，獲得較高的預約優惠之餘，選擇上也有更多彈性。

住宿種類

葡萄牙住宿種類主要有公寓式旅館（Apartamentos）、一般星級旅館（Hotéis）、青年旅館（Hostels）與國營旅館（Pousadas）等，占比頗高的公寓式旅館，無論外觀、規模、設備與一般旅館無異，部分附有小廚房、客廳等家居空間，房價略低（雙人房€ 50 起），適合家庭或團體出遊，唯這類旅館常位於住宅大樓內，需與房東事先聯絡拿鑰匙（入住前得先約定抵達時間），且無 24 小時前檯服務（若深夜入住或凌晨退房要先告知對方）。

至於一人一床位的青年旅社，則有交通便利、房價低廉（即使入住里斯本市中心也只需€ 20）等優

星級旅館的優點在有 24 小時櫃檯服務

公寓式旅館多配有全套廚具設備

勢，唯得有與陌生人同房（置物櫃需自備鎖頭）、共用衛浴設備等團體生活的心理準備，適合精打細算且樂於與人交流的背包客。

國營旅館

如果預算允許，不妨擇幾日入住由古堡、貴族宅邸、修道院等古蹟改建的葡萄牙國營旅館（西班牙稱作 Parador），費用雖高（雙人房€ 120 起），但從周圍風景到館內設施都極富特色與歷史感，獨一無二的體驗確是金錢難以衡量。

葡萄牙的國營旅館中，以卡斯特洛奧比多斯酒店（Pousada Castelo de Obidos）、埃武拉波薩達康文特酒店（Pousada Convento de Evora）、埃斯特雷莫斯城堡酒店（Pousada Castelo de Estremoz）最為熱門，而同樣享有盛名的波爾圖世界遺產佩斯塔納復古酒店（Pestana Vintage Porto Hotel & World Heritage Site），則是座落於波爾圖杜羅河畔、16 世紀的歷史建築群內，可由房間直接眺望兩岸景致。

佩斯塔納復古酒店所在建築就是世界遺產，可由此眺望杜羅河全景

選擇要點

從未造訪該城市的情況下,如何訂房才不會誤踩地雷?建議把握以下 3 項要點:靠近景點(景區中心尤佳)、交通便捷(步行 5 分內可達地鐵站)、治安良好(避免狹小巷弄與網友間口耳相傳的危險區域),其餘像有無獨立衛浴、房內無線網路優劣、是否有廚房冰箱等設備,也可一併確認。網路訂房平台累積的大量住客評論也頗具參考價值,諸如:隔音狀況、排水系統、服務態度、早餐內容、冷氣功率等細膩處皆有著墨。

葡萄牙觀光發達,高 CP 值的平價旅社所在多有,就筆者使用的 Booking.com 而言,旅社總分達 8.5 以上就可納入候選名單,當然提早幾周甚至幾個月下訂,會有更多更好的選項。預算方面,城市雖有大小之別,但大致可以每人每日 €30(以雙人房為例)為預算基準,市郊固然會比市中心低廉,但加上交通費與通勤時間不一定真划算。

位於歷史城區老建築內的旅社大多沒有電梯(就算有也相當窄小)、空調夏季才啟動(有些不夠冷或甚至沒有冷氣)、櫃檯服務只到晚上 9 點、需事先確認入住時間等一些限制、規矩都會在訂房網站事先寫明,下訂前務必閱讀清楚,如仍有疑慮可先透過 E-mail 洽詢。

旅館櫃檯人員英語流利、處事俐落,很樂於提供旅遊資訊與諮詢,互動過程愉快且恰到好處。最後,葡萄牙(西班牙亦同)旅館的浴室水壓大都強,沖澡十分過癮,唯盥洗用品中都沒有牙刷牙膏組,請事先準備或至當地購買。

「葡」當心

　　葡萄牙整體是一個治安良好、社會穩定的國家，唯里斯本龐巴爾下城、阿爾法瑪舊城區等觀光客密集的繁忙鬧區與人流擁擠的地鐵、電車會有扒手出沒，需時時留意有無陌生人靠近或尾隨跟蹤。為保個人財產安全，建議將護照、現金、信用卡等收於貼身包或暗袋內（可使用以 RFID 屏蔽布料製造、具防側錄功能的斜背式防盜包），隨身包僅放當日使用零錢（塞至包包最深處）、水、外套等物品。

　　無論何時，謹記「包不離身」、「箱不離手」，尤其在機場、車站、旅館大廳（辦理入住手續時尤其小心）等出入複雜的空間，視線與手更不要離開行李。在臺灣習以為常的「吃飯時將包包丟在座位上」也務必改成放在腿上、勾在腳上或掛於胸前，以免一不注意遭人拎走！

扒手 Out！

　　歐洲的盜竊手法不斷推陳出新、型態多如牛毛，諸如：假幫手真扒手（稱被害人衣服上有穢物，趁幫忙擦拭瞬間將皮夾偷走）、假募捐真扒手、假問路真扒手、假遊客真扒手、假攀談真扒手、假擠地鐵真扒手等，還有一些更使出團體包夾戰術，一組吸引被害人注意、一組趁機下手，技巧高超、神鬼不知。

　　防不勝防的是，這些人往往「看起來」一點也不像扒手，贓物一落袋便立即轉手，被抓到也能嬉皮笑臉離

開，就是罪證確鑿也拿他無法。儘管里斯本的竊盜情況不若馬德里、巴塞隆納、巴黎那般頻繁，但多一分注意就少一分麻煩，凡事提高警覺便能全身而退。

雖然網路上的「歐洲被扒故事」看得人膽戰心驚，但筆者自己卻從未遇到，可能是運氣不錯、時刻神經緊繃加上兩人相互照應（感覺有人跟隨就立即靠邊、錢和護照都緊緊綁在身上、使用防盜背包與在衣褲內縫暗袋），也或者是治安真的有改善（鬧區見警率高），某日夜間23：00於舊城區看完法朵後步行10分返回旅社，途中燈火通明、路上亦有人煙（觀光客居多），並未萌生恐懼情緒。

如遇緊急狀況需向外求助，葡萄牙全國報案電話為112，用於治安、火警與各種突發事件。臺灣官方在葡萄牙設有「駐葡萄牙臺北經濟文化中心」，位於里斯本市中心、自由大道旁，國人如有護照、簽證或遭遇急難等都可與其聯絡。

INFO

駐葡萄牙臺北經濟文化中心（Centro Economico E Cultural De Taipe）

🏠 Av. da Liberdade 200 4d
🕐 周一至周五 08:30 ～ 12:30、13:30 ～ 17:30
✉ taipeilisbon@gmail.com
📞 +351 21 315 1279
🚇 Avenida 地鐵站以北 150 公尺
🌐 roc-taiwan.org/pt

📱 行動電話 +351 96 273 5481、葡國境內直撥 96 273 5481，非上班時間僅供急難救助用途（如車禍、搶劫等危及生命安全情況），非重大事件請勿撥打；一般護照、簽證事務請於上班時間聯繫

「萄」寶去

　　相較窗明几淨、品項齊全的正規商店，不少人更偏好到奔放自由的跳蚤市場「巧遇」有緣物。跳蚤市場裡，商品零零總總、千奇百怪，從相機懷錶、音響唱片、舊書雜誌到 N 手服飾、玩具公仔、古董錢幣、油燈熨斗、舊磁磚畫、瓷盤銅器、軟木製品、葡萄牙各式紀念品應有盡有，有時甚至可以不到€ 1 的友情價，購得令自己愛不釋手的小玩意兒。當然，在沉溺眼前繽紛的同時，也切忌顧此失彼，務必時刻留意身上貴重物品。

里斯本跳蚤市場＋波爾圖周末跳蚤市集

　　懷舊與創新兼備的葡萄牙，正是淘寶的好所在，除了散布公園的周末、周日文創或二手攤位，位於里斯本與波爾圖的兩大跳蚤市場更不容錯過！整體來說，里斯本跳蚤市場蔓延範圍較廣，販售的商品除了舊貨也有不少全新紀念品，適合闔家同遊；而波爾圖周末跳蚤市場的類型則偏向臺灣人口中的「賊仔市」，尋寶者以當地人為主，現場議價聲不斷。

跳蚤市集資訊

名稱	舉辦時間	地點	交通
里斯本跳蚤市場	周二 09:00 ～ 18:00 周六 09:00 ～ 18:00	Campo de Santa Clara	Santa Apolónia 地鐵站西北 500 公尺 鄰近城外聖文生教堂、國家先賢祠
波爾圖周末跳蚤市集	周六 08:00 ～ 13:00	Av. 25 de Abril	Campanhã 地鐵站以北 850 公尺 位置較偏（建議搭計程車前往）

「牙」買家

　　葡萄牙處處是別具特色的傳統工藝品,以磁磚畫(Azulejo Português)、葡國雄雞(Galo de Barcelos)、占世界過半產量的軟木(Cortiça)與里斯本黃色電車為發想的項鍊、磁鐵、陶瓷湯匙架、麵包切板、布匹等周邊產品最為常見,而當地人熱愛的沙丁魚罐頭(Conserveira)、橄欖油也是別出心裁的伴手禮。

　　從大城市里斯本、波爾圖到觀光小鎮奧比多斯、辛特拉、埃武拉、吉馬良斯等,都可見到(大量)全國一致與(少數)帶有本地風格的紀念品。經過詢價比較,筆者最推薦位於布拉加主教座堂對面的「Casa S.ta Maria de Braga」,店內貨色齊全、價格實在、包紮妥貼,加上老闆一家熱情(別於多數葡人都採取放牛吃草術)卻又無壓力的招呼和行銷,讓顧客們樂得滿載而歸。

天主教聖物

　　鑑於深厚的天主教信仰，葡萄牙不時可見販售耶穌、聖母及法蒂瑪聖母（源於聖母曾於 1917 年在法蒂瑪顯靈的神蹟）的聖像、念珠、首飾、蠟燭等聖物主題商店，令各國教友愛不釋手。

　　除了私人經營的店家，教堂內也常見明信片、聖牌、書籤、書籍等商品，購買之餘也有捐獻的附加意義。

磁磚畫＋陶瓷器皿

　　磁磚畫雖是葡萄牙人近千年前向摩爾人（泛指來自非亞地區、信仰伊斯蘭教的穆斯林，包括阿拉伯人、撒哈拉人、柏柏爾人等）習得的工藝技術，卻是將其精益求精、廣泛運用的「最強繼承者」。從壁飾、磁鐵、杯墊到手工繪製的藝術品，磁磚畫及其延伸的陶製器皿不僅做工細膩、獨一無二，更飽含葡國風情。

葡國雄雞

　　澳門乃至葡萄牙經常可見威風凜凜的雄雞形象，其實這隻身上畫有紅心、色彩斑斕的雄雞，正是葡萄牙人心目中善良和正義的象徵。關於雄雞的來歷，源自一個類似「竇娥冤」（六月雪）的民間傳說。一名朝聖者路過葡萄牙北部城鎮巴塞盧什（Barcelos）時因故被誤會偷竊，遭判處極刑。

　　行刑前，他對著準備享用晚餐的法官咆哮：「若這隻烤雞為我啼叫，就證明我是無辜的！」正當眾人不以為然，香噴噴的烤雞竟突然抖抖肉身、起身啼叫，不可思議的神蹟助他沉冤得雪。很快地，雄雞（更準確地說是烤雞）顯靈的消息傳遍整個葡萄牙，此後便成為具有信任、公正和好運意涵的葡國吉祥物。時至今日，雄雞圖案廣泛應用在刺繡布藝、開罐器、陶瓷擺飾、T恤手帕、杯墊、布偶等各種紀念品，是葡萄牙最具代表性的親善大使。

軟木周邊

　　作為首屈一指的「酒瓶軟木塞王國」，軟木為葡萄牙最重要的經濟作物，不僅擁有輕薄透氣、防水柔軟等優點，更重要的是可在不砍伐樹木的前提下採收，環保且具持續性。

　　除了熟悉的軟木塞，葡國還可見各種以其為材料製作的產品，包括：雨傘、帽子、拖鞋、皮鞋、背包、側肩包、筆記本、明信片等，花樣之多完全顛覆腦中對軟木的平淡想像。

沙丁魚罐頭

　　葡萄牙人熱愛沙丁魚、嗜吃魚罐頭，兩相結合的沙丁魚罐頭地位自然非凡，重要程度更被尊稱是「葡人的恩物」。據統計，每位葡萄牙人一年可吃下近 1 公斤的沙丁魚罐頭，連餐館也有以此為食材烹調的精緻料理，其中發揮最徹底的莫過位於里斯本商業廣場旁的「Can the Can」。售價方面，每罐從專賣店最便宜的 € 2.36 至超市的 € 0.65，選擇十分多元；口味上，沙丁魚鹹香濃郁、肉質緊實，咀嚼時還有醃漬橄欖油而產生的香氣，頗合臺灣人胃口。

　　除文中介紹的里斯本罐頭專賣店（Conserveira de Lisboa），當地的紀念品店、超市與賣場亦可見到各式各樣以橄欖油醃漬為主的海產罐頭，其他像是初榨橄欖油、葡國餐館必備 Piri-Piri 辣油（葡萄牙的高人氣辣油，純辣而無其他香料或酸甜調味，辣感直接如重拳，超市有販售小罐裝），都屬道地的「重量級」伴手禮。最後，喜愛杯中物（尤其是紅白酒）的朋友，切莫錯過超市內堆滿貨架的各式超低價酒品，令人驚訝的 € 1 一瓶隨處可見（從外到內都很正常），是活生生的酒比水還便宜，而定價 € 3 以上的「高價酒」有時還得請店員從上鎖的玻璃櫃內取呢！

電車周邊

　　穿梭於里斯本舊城區的黃色電車，可愛模樣讓人一見它就想拍，殺光記憶卡容量的同時，也被不勝枚舉的周邊商品清空荷包！舉凡明信片、復刻模型、磁鐵、磁磚畫以及印有圖案的 T 恤、提袋、布匹、馬克杯、軟木背包⋯⋯樣樣令人愛不釋手。不僅如此，所有的葡萄牙紀念品都具有創意且種類多元，從大量生產的銅板價到獨一無二的手工精品樣樣齊全，將所有到訪的遊客一網打盡！

Part 2

「葡」可不知
── 旅遊資訊全都錄

information

　　作為旅遊發達國家，葡萄牙對旅客而言可謂相當友善，不僅許多資訊都能透過網路搜尋或預定，當地接觸的服務人員也都通曉英語，據筆者個人觀察，葡萄牙人雖非時時笑臉迎人的開朗派，卻多是樂於提供協助的善良人。踏上葡國之旅前，請務必留意以下所歸納的旅遊資訊，相信會令您的旅程更加順利！

葡國現況

葡萄牙位於歐洲大陸最西側，西濱大西洋、南隔地中海與北非對望，海岸線長830公里，陸地與西班牙接壤，兩國邊界達1,300公里。葡國領土尚有大西洋中的亞速（Acores）、馬德拉（Madeira）群島，全國總面積92,345平方公里（約臺灣2.5倍、占伊比利半島六分之一），人口1,035萬（2015）。葡萄牙使用葡萄牙語，超過8成國民信奉天主教，無論文學、藝術與建築都與宗教息息相關。雖是傳統的天主教國家，但已於2010年5月正式通過同性婚姻合法化，成為世界上第8個承認同性婚的國家。

　　足球是葡萄牙最受歡迎的運動，國家隊於 1990 年代嶄露頭角，曾獲 2004 年歐洲國家盃亞軍、2006 年世界盃殿軍，並於 2016 年歐洲國家盃首度封王，現任國家隊隊長克里斯蒂亞諾·羅納度（Cristiano Ronaldo dos Santos Aveiro，簡稱C羅）是葡萄牙現今最具代表性的球星。

葡萄牙曼努埃爾式建築極致──熱羅尼莫斯修道院

世界遺產

目前葡萄牙境內共有 15 項世界遺產（14 項文化遺產＋1 項自然遺產），本書內容觸及的均為文化遺產，包括：里斯本熱羅尼莫斯修道院和貝倫塔（1983）、埃武拉歷史中心（1986）、辛特拉文化景觀（1995）、波爾圖歷史中心（1996）、吉馬良斯歷史中心（2001）及科英布拉大學（2013）等 6 項。

埃武拉──希拉爾廣場

吉馬良斯──孔索拉桑和聖帕索斯聖母教堂

旅遊季節

　　葡萄牙氣候宜人、冬雨夏乾，北部屬海洋性溫帶氣候、南部爲亞熱帶地中海型氣候。春季（3～5月）日夜溫差仍大、較易下雨；夏季（6～9月）天氣晴朗，8月均溫17～28度，爲旅遊高峰期；秋季（10～11月）漸漸進入雨季、早晚偏涼；冬季（12～2月）冷而多雨，但相較歐洲其他國家已十分溫暖，1月均溫8～14度。

日出日落＋公眾假期

　　葡萄牙春夏時節的日落時間遠較臺灣晚，7月平均日照時間將近15小時，晚間9點仍亮如白晝，安排行程時也請納入考量。晝長夜短也影響葡人的作息時間，除用餐時間晚（午、晚餐的尖峰時間分別爲13：00與20：00），也有午覺的習慣，雖不似鄰居西班牙人恪守「午覺準則」，卻也有部分商家或機關會在下午暫停營業。

　　葡萄牙的「日照時長＋天空清朗」，春夏造訪千萬莫忘準備防曬用品，高係數防曬乳、太陽眼鏡、遮陽帽、抗UV外套等務必隨身攜帶，陽傘因當地人鮮少使用而格外醒目。此外，葡國氣候較臺灣乾燥，可視個人膚質加強保溼護理。

里斯本日出與日落時間

月份	里斯本日出	里斯本日落	平均日照
1 月	07：55	17：26	9.5 小時
2 月	07：42	17：59	10.3 小時
3 月	07：08	18：30	11.4 小時
4 月	07：20	20：00	12.7 小時
5 月	06：38	20：29	13.8 小時
6 月	06：13	20：56	14.7 小時
7 月	06：16	21：05	14.8 小時
8 月	06：39	20：47	14.1 小時
9 月	07：06	20：07	13 小時
10 月	07：33	19：19	11.8 小時
11 月	07：04	17：36	10.5 小時
12 月	07：36	17：15	9.6 小時

公眾假期

日期	節日名稱（葡文）	中文譯意
1 月 1 日	Solenidade de Santa Maria, Mãe de Deus	天主之母聖瑪利亞節
2 月 28 日	Carnaval	狂歡節（又稱謝肉祭）
3 月下旬或 4 月	Domingo de Páscoa	復活節
4 月 25 日	Dia da Liberdade	自由日，紀念 1974 年結束獨裁統治
5 月 1 日	Dia do Trabalhador	勞動節
5 月或 6 月下旬	Corpo de Deus	基督聖體聖血節（又稱聖體瞻禮日）
6 月 10 日	Dia de Portugal	葡萄牙國慶日、愛國詩人賈梅士忌日
6 月 13 日	Festa de Santo António	聖安東尼瞻節（僅適用於里斯本）
8 月 15 日	Assunção de Nossa Senhora	聖母蒙召升天節
10 月 5 日	Implantação da República	共和國日，紀念 1910 年革命成功
11 月 1 日	Todos os Santos	諸聖節（又稱萬聖節）
12 月 1 日	Restauração da Independência	恢復獨立紀念日，紀念 1640 年脫離西班牙統治的葡萄牙王政復古戰爭
12 月 8 日	Nossa Senhora da Conceição	聖母無玷始胎節（又稱聖母無原罪日）
12 月 25 日	Natal do Senhor	聖誕節

貨幣匯率

葡萄牙為歐盟國（Eu）、使用歐元（Euro），€ 1 可兌換新臺幣 35 元左右。

海關檢查＋申根保險

持中華民國護照可享免簽證入境歐盟國（停留日數為任何 180 天內不能超過 90 天），入境時，移民官有的直接蓋章放行，有的簡單詢問計畫去哪些地方？如對方有疑慮，會進一步要求提供旅館訂房紀錄、回程機票、足夠維持歐遊期間的生活費、申根保險等資料，若缺少相關佐證資料，也存在被遣返的可能。為免溝通誤失，請預先備妥以下文件供海關查驗：

1. 有效期限內的中華民國護照（離開申根國當日仍具有 3 個月以上效期）
2. 旅館訂房確認紀錄（英文）
3. 回程機票
4. 足夠維持生活的財力證明（現金、信用卡），可以平均一日 € 60 ～ 100 推估
5. 申根保險證明書（英文）

申根保險雖非入境必備，但由於歐洲醫療昂貴，建議出國期間投保。在臺灣，不少保險公司都有提供相關套裝保險組合，無論內容如何，基本都必須符合：保險保障期間必須包含申請人預計停留時間、保險必須在所有申根會員國內有效、保險給付額度最少必須 3 萬歐元、保險必須涵蓋所有醫療費用、醫療費用由保險公司直接給付歐洲當地醫療機構（被保險人非給付對象；不接受被保險人先墊付費用，於返國後再向保險公司請領代墊費用）、保險公司必須在申根區內設有聯絡點。

申根保險費用實惠，以筆者 2017 年中、38 日歐遊行為例，涵蓋旅遊不便、海外急難救助、竊盜損失慰問、突發醫療等完整項目的綜合保險單，費用為新臺幣

3,505 元。最後，無論向哪間保險公司購買，請記得索取英文投保證明，同時留意該公司的 24 小時緊急聯絡電話，以便有需要時立即諮詢。

預購車票

　　旅途中，火車是經常利用的中長程交通工具，伊比利半島上是由西班牙國鐵（簡稱 Renfe）與葡萄牙國鐵（簡稱 CP）兩間國家級鐵路公司聯手負責，穿梭於里斯本、馬德里的跨國夜車則由 CP 營運。Renfe 與 CP 均可透過網站（或手機 app）預購車票，前者可直接購買車票，後者則需先以 E-mail 帳號免費註冊會員才可使用，越早訂購優惠越高，早鳥票甚至可低至 4 折。一般而言，網站可訂購即日起 62 天內的車票，但筆者經驗 Renfe 是比此更早的 90 天前就已開放預訂，若時間確定不妨先去網頁試試，至於連結葡、西兩國的跨境列車，則可於 Renfe、CP 網站擇一訂購。

穿梭葡萄牙的特快對號列車 AP

行駛於葡萄牙境內的 CP，主要有 4 個車種，按快慢排列為 AP（Alfa Pendular，特快車）、IC（Intercidades，快車）、R（Regional，區域列車）、U（Urbanos，城市火車），前兩者為對號、後兩者為非對號。AP 和臺灣的太魯閣號同屬傾斜式電聯車，車體新、速度快，最高時速可達 220 公里；IC 停站較多，類似臺鐵自強號；R 與 U 則肩負市區市郊、鄰近城鎮間的短程區間運輸，與臺鐵區間車雷同。目前 CP 官網只能訂購 AP、IC 等對號車，而欲搭乘 R、U 這類非對號車種則需至車站購買。

車廂等級與號碼

此外，由市郊車站接駁至市區車站的路線，像是科英布拉的「科英布拉 B 火車站 ⇔ 科英布拉火車站」、波爾圖的「坎帕尼亞火車站 ⇔ 聖本篤火車站」，只要購買自他處前來的列車班次，就可於 1 小時內免費轉乘行駛於兩站間的區間車。

車廂與月台間隙大且有高低差

別於臺灣高鐵會在月台標明車廂乘坐位置，葡萄牙（西班牙亦然）的對號列車都得「猜車廂」，乘客在列車進站瞬間才能確認搭乘車廂（且標明車廂號碼的位置相當不明顯），開始拖著行李往所屬車廂跑，儘管場面略顯擁擠混亂，但最終總能準點開車。

筆者曾遇到有當地人持相同座位號的車票前來詢問，經過雙方核對，才知是對方走錯車廂而非票務出錯。此外，車廂與月台間的間隙大且常有高低差，上下車時務必留意腳步，攜帶大件行李者務必有「舉重」與「跳階」的身心準備。

Renfe 網站預購火車票 8 步驟

1. 點選網站上方「Welcome」切換至英文介面

2. 選擇起訖點、搭乘日期、班次時間、人數
   （單程票僅需選擇去程日期與時間）

3. 顯示可訂購的班次與尚有空位的艙等

4. 選定欲搭乘的班次（如票價不含選位費則由電腦排定，同批購票多會排在一起）

5. 輸入購票者個人資料（英文姓名、護照號碼、電話、E-mail）

6. 刷卡確認無誤後，立即取得車票 PDF 檔（同時郵寄至 E-mail 信箱）

7. 將 PDF 檔列印於空白 A4 紙（黑白、彩色皆可），QR code 務必清晰

8. **西班牙端**：工作人員刷 QR code →過安檢→乘車；**葡萄牙端**：直接上車→車掌驗票

CP 網站預購火車票 10 步驟

1. 點選網站右上角「EN」切換至英文介面

2. 選擇起訖點、搭乘日期、艙等、人數
   （單程票僅需選擇去程日期）

3. 顯示可訂購的班次

4. 選定欲搭乘的班次

5. 輸入購票者個人資料（英文姓名、護照號碼、電話、E-mail）與選擇票價

6. 選擇座位（建議與行駛方向相同）

7. 輸入信用卡資料

8. 刷卡確認無誤後，立即取得車票 PDF 檔（同時郵寄至 E-mail 信箱）

9. 將 PDF 檔列印於空白 A4 紙（黑白、彩色皆可），QR code 務必清晰

10. **葡萄牙端**：直接上車→車掌驗票；**西班牙端**：工作人員刷 QR code →過安檢→乘車

西班牙國鐵（Renfe）

🌐 renfe.com

🔍 常有網友分享線上訂票時遭遇「網頁讀不出來」（需使用 IE 瀏覽器）或「刷卡不過」的難題，但筆者在 2017 年訂票時都未遇到（使用中華電信網路、Chrome 瀏覽器、刷樂天或合庫信用卡），推估應是這些問題已被修正。購票過程中，若遇到已進行至刷卡階段卻因故中斷，即當下未收到車票、卻接到銀行的刷卡金額通知，先毋須太過擔心。基本上，Renfe 會在 2、3 日後取消交易、刷退費用，若仍有疑慮，亦可向信用卡公司詢問交易代碼後再去信 Renfe 客服詢問，兩日內便會回覆。

葡萄牙國鐵（CP）

🌐 cp.pt

🔍 購票途中，進入「輸入購票者個人資料與選擇票價」頁面時，位於最右側的票價一項，網頁預設都是未經折扣的原價（Normal），需手動選擇優惠（Special offer）並點擊左下方綠色按鍵「If changes are made,recalculate the price」，才能以優惠價結帳。儘管「理論上」可在登入後免費更改車票日期時間、座位（僅一次），但「實際上」還是儘量在首度購票時確認無誤，避免因網站無法正確顯示（情況在修改車票時最明顯、購票倒無此問題）而屢屢碰壁。

....

長途火車內設有輕食販賣部

葡國火車系統採放射狀設計，不少城市的車站也是終點站

租車自駕

如想隨心所欲、隨走隨停，自駕
會是最好的選擇，葡萄牙與臺灣一樣
為左駕，出發前至監理站辦理國際駕
照就可輕鬆上路。整體而言，葡萄牙
道路標示清晰、四通八達，唯市中心
與舊城區內有易塞車、道路狹窄、單
行道多、路面高低起伏、停車位難尋
等複雜狀況，需有心理準備。

葡國駕駛車速不若西班牙兇猛，
除非嚴重塞車否則較少按喇叭，只要
遵守交通法規與行車規範，便可愉快
享受自駕樂趣。

在臺灣，可先透過網路租用 Europcar、Hertz、Avis 等跨國公司的車輛，儘管收
費較當地業者略高，但具有「服務據點多」、「故障馬上修理或更換」、「預先挑選
車種」、「甲地借、乙地還」等優勢。葡萄牙各城市、機場、車站周邊都可見租車門市，
周六、日與國定假日有午休（13：00 ～ 14：30）和提早打烊的情形，取、還車前
請先確認。有跨國需求者，基於西班牙的租車費用較葡萄牙低，可以西班牙租還為
主，取車時需向租車公司表示會開往他國（以免租到不可跨境的車輛），唯儘量不
要在異國還車（會收取高額還車費）。

歐洲車以手排檔（manual transmission）為主，相形之下，自動排檔（automatic
transmission）不僅少見亦高貴，兩者價格甚至可差至一倍。平日沒有開手排車的
駕駛人，如非出發前好好練習（特別是上坡起步、倒車上坡、上坡迴轉、上坡停車
等具難度的換檔情境），就是多花點錢「自動」消災，避免遭遇換檔熄火或倒退嚕
的窘境。最後，在人生地不熟的環境駕車，除租車公司要求的基本險，所有狀況都
理賠的全險（Full Protecion）會是更好的保障。最重要的是，所有駕駛人都需標

註於保單上，以免因事故發生時駕駛非被保險人而無法獲得理賠。

葡國自駕注意要點：

1. 速限：城區每小時 50 公里、郊區道路每小時 90 公里、高速公路（A 開頭）每小時 120 公里，路邊設有雷達測速照相。

2. 導航：可向租車公司租賃導航設備，或可攜帶自己慣用的 GPS（Garmin 可付費下載西班牙、葡萄牙地圖卡，費用新臺幣 2,205 元），出發前最好查清楚欲前往的地址或座標，「Google Map」app 也是很棒的導航選擇。

3. 加油：主要以綠、黑 2 種顏色區別，綠色是無鉛汽油（Gasolina），後者則為柴油（Gasóleo），參考價依序為每公升 € 1.46、€ 1.22（略高於台灣），另外亦常見黃色的 Diesel Gasóleo，是指較高級的柴油。加油站營業時間是 07：00 ～ 22：00，採自助式操作，加好後再至收銀檯告知車道號碼付款即可。若不確定該加何種油，一般油箱蓋上都會寫明，如仍有疑慮可請加油站員工協助確認。

4. 收費：葡萄牙高速公路路況佳、收費高（臺灣 3 倍以上），目前有電子（Portagem Eletrónica）與人工（Portagem Manual，上下交流道付費）兩種系統，使用現金外，還有 Easy Toll（車牌綁定信用卡自動扣款）、Toll Card（購買儲值卡以手機充值）、Toll Service（3 日 € 20 吃到飽）、Via Verde（電子收費設備）等 4 種給付方式。由於部分路段只接受電子收費，為免麻煩，建議租車時一併租用「Via Verde」，不僅能一路行駛「綠 V」快速車道，過路費也可直接於信用卡扣繳。

5. 超車：高速公路內側為超車道，不得長時間占用，當地駕駛對此相當恪守。

6. 停車：方向需與車流一致，面對車流停車是違法行為。里斯本、波爾圖等主要城市停車不易且收費高，建議找有附停車位的旅社，或先將

車停在郊區免費處，再轉乘公共運輸進入市內。市區路邊停車多為將車停妥後，至附近收費機預購停車時數，再將停車單據置於車內擋風玻璃前。郊區停車相對單純，唯有「residência」標記就是限定當地居民使用，如無把握也可向當地人詢問。

7. 拋錨：租車公司會提供反光背心，路邊拋錨時請務必穿上，否則將被罰款。背心一般放置於副駕駛座前置物箱內，租車時也可向服務人員確認。

8. 事故：聯絡租車公司並等待警察前來處理，不可直接離開現場。

9. 規範：路口常以圓環替代紅綠燈，即第 1 個路口＝右轉、第 2 個路口＝直走、第 3 個路口＝左轉、第 4 個路口＝迴轉。行駛圓環時，外車務必禮讓內車先行。無紅綠燈的斑馬線如遇行人，一律停車禮讓。所有乘客皆需繫安全帶，未滿 12 歲或不足 150 公分者不能坐前排。不得怠速停車，不得隨意停靠路邊。

INFO

國際駕照

🔍 本人持「身分證正本」（驗畢交還）、「駕照正本」（驗畢交還）、「護照」（查核英文姓名、影本亦可）、「2 吋大頭照兩張」（6 個月內近照）與規費 250 元即可辦理。國際駕照效期 3 年，但若臺灣駕照效期低於 3 年（2013 年後發行的駕照已無效期限制），則以後者為主。在國外租車時，國際駕照需與臺灣駕照一併出示，否則將無法使用！

時差

　　葡萄牙（GMT＋0）與臺灣（GMT＋8）時差8小時，即臺灣時間8月8日凌晨4點、葡萄牙則為8月7日晚間8點。葡萄牙於3月最後一周至10月最後一個周日進入「夏令日光節約時間」（GMT＋1），時間調快1小時，與臺灣時差縮減為7小時。此外，西班牙與葡萄牙有1小時時差（GMT＋1，夏令時間GMT＋2，西班牙快1小時），往來兩國請留意。

電壓插座

電壓220 V、圓頭雙孔型插座。

營業時間

　　葡萄牙雖不似西班牙有嚴格的午睡時間（Siesta），但一些店家仍會於午後關門休息，傍晚17：00為午茶時間，晚餐始於19：00，唯通常20：00後才會湧現人潮。葡萄牙人上下班十分準時，閉店前30分，無論私人店家抑或公家機關便會進入「準備下班模式」，店員快手收整店鋪、管理員將大門關閉一半（參觀各景點請務必搶在營業時間結束前30分抵達，否則肯定吃閉門羹）、餐館不再收新客，與臺灣人奮鬥到最後1分鐘的習性迥異。

各類店家營業時間

類型	營業時間	附註
一般店家	周一至周五 09：00 ～ 13：00、15：00 ～ 19：00 周六 09：00 ～ 13：00、周日休	部分於午餐時間 13：00 ～ 15：00 歇業；12 月適逢耶誕購物，部分周日會營業
大型商場	每日 10：00 ～ 23：00	12 月延長至午夜 00：00
咖啡館	每日 08：00 ～ 23：00	中午前僅有咖啡輕食、不供主餐
餐廳	每日 12：00 ～ 15：00、19：00 ～ 22：00	熱門餐廳可於開門時間光顧，有位機率高
銀行	周一至周五 08：30 ～ 15：00	自動提款機 24 小時服務
郵局	09：00 ～ 18：00	僅機場郵局提供 24 小時服務

小費指南

　　葡萄牙有給小費（Tips）的習慣，可準備小額銅板以備不時之需。一般來說，乘坐計程車時小費是車資的 5 ～ 10%（或不收找零），飯店內服務生運送行李一件€ 1，餐廳或咖啡館（自助餐除外）則為餐費的 10%（或以找零的小額銅板當作小費亦可），如以信用卡付帳則店員會請您自行輸入小費金額，當然小費是一種約定俗成的概念，金額高低、給與不給全然操之在己。

飲用水

　　葡萄牙水質頗佳，已達國際標準的生飲等級，話雖如此，為免旅途中水土不服、腸胃不適，還是將自來水煮沸或購買包裝礦泉水（com gaz 有氣泡、sem gaz 無氣泡）最保險。餐館飲水多數需額外購買，點餐時，服務生會詢問要什麼飲料，除紅白酒、可樂、啤酒外也可選擇水。

　　葡萄牙的餐館多採單點制，主餐與飲料分開選購。主餐用畢，服務生會在收取餐盤時詢問需要何種咖啡與甜點？口吻自然地彷彿附在餐內，但除非是套餐，這些附餐均得額外計價。

步行距離

　　葡萄牙各城市多坡蜿蜒，往河、海一側地勢低；往內陸地勢高，同樣 500 公尺的距離，下坡可能只需 5 分鐘、間接上坡就得要 8 分鐘、連續陡坡可能得耗上 10 幾分。因此，文中所標註的距離○車站○公尺，主要是「距離」的參考值，至於所

需的步行時間則視個人腳程、體力、當下氣溫有所不同。

　　依筆者經驗，「Google Map」app 是相當準確的找路幫手，確定欲造訪的景點、餐館或商店後，在登入 Google 帳號的情況下點擊「儲存」，就可即時了解自己與目標的相對位置。此外，使用「Google Map」計算兩點距離時，也會顯示所需的步行時間與所經地形（上、下坡幅度），有助推算抵達目的地的時間。

觀光巴士

　　里斯本、波爾圖、科英布拉、辛特拉、埃武拉、吉馬良斯等葡萄牙各旅遊城市，皆有推出專為觀光客設計的敞篷雙層觀光巴士，遊客可按照個人喜好、停留時間選擇適合路線，於效期內（一般為 24 或 48 小時）無限次隨上隨下、自由乘坐，觀光區售票亭、旅遊服務處、旅館等均有販售車票，24 小時票售價約 € 20。

　　以里斯本紅色觀光巴士為例，路線會行經熱羅尼莫斯修道院、自由大道等 21 處

觀光景點，車上提供包括華語的多國語音解說耳機；波爾圖的黃色觀光巴士則有行經自由廣場、主教座堂、戰鬥廣場、卡莫教堂、教士堂等各景點的兩條路線，唯目前尚無華語導覽。

　　整體而言，這類觀光巴士適合短時間造訪的旅客，優點是可以迅速跑遍市內知名景點，缺點則在廣而不精，並且會受到班次（30、60 分或甚至更久一班）的限制。

廁所提示

　　葡萄牙的公共廁所頗為常見，鑑於觀光旅遊日益發達，近期更增加不少免費廁所（通常是景點、博物館、大型商場或具規模的運輸站、廣場），部分車站、公園亦設有每次€ 0.5 的投幣式付費廁所。可貴的是，無論收費與否，這些廁所都稱得上乾淨且備有衛生紙。

　　葡萄牙部分城市下水道老舊，衛生紙可能會導致堵塞，使用前可先查看有無「衛生紙不可丟馬桶」的標示。

退稅手續

　　葡萄牙有「Premier Tax Free」與「Global Blue」兩間退稅公司，商家門口放有上述任一標誌，就表示可以退稅。葡國的退稅基準是同日同店消費滿€ 61.35、退稅額度 15%（扣除手續費等，實際退稅約 8、9%不等），旅客請於離開最後一個歐盟國時於機場一併辦理。

退稅步驟：

HOW TO OBTAIN YOUR REFUND

1. 結帳時，主動向退稅商店提出退稅需求，出示護照並索取退稅單。

2. 填妥退稅單 1、2 欄位，即第 1 欄個人基本資料（英文姓名、地址、護照號碼等）、第 2 欄選擇退稅方式（現金或信用卡），其餘則分別是海關蓋章與辦理櫃檯填寫處。一般而言，信用卡退稅額度較高，但所需時間較長（約 1 ～ 3 個月不等）；現金退稅額度較低、手續費高，相對費時費事，但可立即入袋為安，無須擔心無法退稅成功。

3. 離境前，先至航空公司櫃檯完成 check in 手續，取得登機證，再持「護照」、「登機證」與「欲退稅商品」至退稅櫃檯辦理，按退稅商品託運與否再分為兩種情形。
   A. 退稅商品需託運：辦理登機時將託運行李過秤、貼行李條後取回，前往位於非管制區的退稅櫃檯辦理（經常大排長龍），完成查驗後再將行李託運。
   B. 退稅商品免託運：如欲退稅商品置於手提行李內，則辦妥 check in 後，可先入管制區進行安全檢查，再至退稅櫃檯辦理（通常人流較少）。建議高單價的精品還是以手提為優先，以免遭竊。

4. 將退稅單分別放入所附信封內，各自投入所屬退稅公司的郵筒，「Premier Tax Free」是橘色郵筒、「Global Blue」則為藍色。如擔心退稅後續有差池，可在

取得完整的退稅單、投入郵筒前，將單據拍照存證（特別是稅單條碼）。若時隔
3、4 個月仍無消息，不妨去信退稅公司詢問，通常 1、2 日內就會回覆。

`INFO`

Premier Tax Free 退稅追蹤
premiertaxfree.com/
track-my-refund

Global Blue 退稅追蹤
secure.globalblue.com/
tax-free-shopping/
refund-tracker/

「食」指葡文

葡萄牙語屬印歐語系、拉丁語族，目前約有兩億人使用，為世界主要語言之一。
如同葡萄牙作家、1998 年諾貝爾文學獎得主喬賽・薩拉馬戈（José Saramago）
所言：「世上沒有葡萄牙語這種語言，而是有許多語言在使用葡萄牙語（não há
uma Língua Portuguesa, há línguas em Português）」，巴西、安哥拉、莫三比克、
東帝汶、澳門（與中文同為現行官方文字）等葡萄牙曾建立殖民政權的國家雖均使
用葡萄牙文，但各地都產生因地制宜的變化。

儘管餐館侍者多通曉英語，部分菜單也有英文對照版，但最好還是記住一些葡文
以備不時之需。在此列出在葡萄牙常見的葡文食物單詞與中文翻譯，點餐時可對照
使用。

葡文食物單詞與中文翻譯對照表

A	
açúcar/sal	糖／鹽
água	水
alface	生菜
alho	大蒜
amêijoas/ vieira	蛤蜊／扇貝
arroz	飯
arroz de marisco	葡式海鮮燉飯
arrozdoce	糯米甜點
assadas/grelhado	烤
atum	鮪魚
azeite	橄欖油
azeitonas	橄欖

B	
bacalhau	馬介休（鹽漬鱈魚）
batata frita	薯條
bebidas	飲料
bebidas alcoólicas	酒精飲料
bebidas não alcoólicas	無酒精飲料
bica	濃縮咖啡（葡萄牙南部用法、北部慣稱 café）
bifana	豬扒包
bolo	蛋糕

C	
cabrito	羔羊肉
camarão/ lavagante	蝦／龍蝦
canja	雞湯
caracol	蝸牛
carne	肉／牛肉
carne de porco	豬肉
carneiro	羊肉
cavala	鯖魚
cebola	洋蔥
cenoura	紅蘿蔔
cerveja	啤酒

chá	茶
coelho	兔肉
crème	奶油

D	
doces	甜點

E	
ensopado	燉

F	
fiambre	火腿
Francesinha	溼答答三明治／法國小女孩（波爾圖招牌美食）
frango/asinhas de frango	雞肉／雞翅
fritas/mexidos	炒

G	
galão	咖啡牛奶（類似拿鐵，將濃縮咖啡和牛奶以 1：3 比例調和）
gelado	冰淇淋
gelado de baunilha	香草冰淇淋

L	
lagosta	龍蝦
lampreia	鰻魚
laranja	柳橙
leitão	乳豬
leitão assado	烤乳豬
limonada	檸檬水
linguado	比目魚
lula	墨魚

M	
macarrão	義大利麵
maçã	蘋果
maduro/verde	紅／白葡萄酒
manteiga	奶油
marisco	貝類

葡文食物單詞與中文翻譯對照表

（接上頁）

mostarda	芥末醬	queijada	起司蛋糕
O		**R**	
ostra	牡蠣	risotto	燴飯
ovas de peixe	魚卵	rissóis	○肉的餡餅
ovos	雞蛋	**S**	
ovos mexidos	炒蛋	salada	沙拉
P		salmão	鮭魚
paella	海鮮飯	salsicha	香腸
pastel de nata	葡式蛋塔	sande	三明治
pato	鴨肉	sapateira/ navalheira	蟹／梭子蟹
pão	麵包	sardinhas	沙丁魚
pelxe	魚肉	suco	果汁
pepino	黃瓜	suco de laranja	橙汁
pimentos	辣椒	**T**	
piri-piri	葡式辣椒油	Travesseiro	酥皮枕頭（辛特拉傳統甜點）
porco	豬肉		
polvo	章魚	Tripas /Tripeiros	波爾圖豬下水（波爾圖名菜）
prego	牛扒包		
presunto/ presunto cru	火腿／生火腿	truta	鱒魚
pudim	布丁	**U**	
pera	西洋梨	uvas/passas	葡萄／葡萄乾
peru	火雞	**V**	
pêssego	桃子	vinagre	醋
pimenta	胡椒	vinho	紅酒
Q		vinho do Porto	波特酒
queijo	起司	vitela	小牛肉

行程規劃

　　造訪葡萄牙的旅客，行程安排上絕大多數都會與西班牙搭配。若停留葡國不足 5 日，不妨以里斯本及其周邊城鎮為主；如有一周以上時間，則可按個人喜好細細走訪 3 個以上城市。交通工具方面，自駕相對靈活自主，但有停車不易與遭竊等風險；搭乘大眾運輸選擇多元，唯需受限於班次與站點，規劃行程時需一併納入考量。

　　如以大眾運輸為移動方式，鑑於葡國交通網以大城市向外放射的特性，可以里斯本、波爾圖為中心，再挑選周邊的小鎮一日往返。以下是以停留 5 日為例的建議行程，可以此作基礎為自己量身打造最適合的路線。

里斯本深度 5 日

第1日
抵達里斯本＋市區觀光

第2日
里斯本→辛特拉＋羅卡角＋卡斯凱什→里斯本

第3日
里斯本→埃武拉→里斯本

第4日
里斯本→奧比多斯→里斯本

第5日
里斯本→往西班牙南部或馬德里

里斯本＋科英布拉＋波爾圖精選 5 日

第1日

抵達里斯本＋市區觀光

第2日

里斯本→辛特拉＋羅卡角＋卡斯凱什或奧比多斯或埃武拉→里斯本

第3日

里斯本→科英布拉＋市區觀光

第4日

科英布拉→波爾圖＋市區觀光

第5日

波爾圖→往西班牙北部如：聖地牙哥・德孔波斯特拉

里斯本＋波爾圖探索 5 日

第1日

抵達里斯本＋市區觀光

第2日

里斯本＋市區觀光

第3日

里斯本→科英布拉＋市區觀光→波爾圖

第4日

波爾圖＋市區觀光→吉馬良斯或布拉加→波爾圖

第5日

波爾圖→往西班牙北部或馬德里

Part 3

樂在「葡」京
── 里斯本

Lisboa

　　回顧里斯本建城史，可回溯至西元前 3 世紀的羅馬統治時期，後曾被摩爾人占領，1256 年起成為葡萄牙王國首都。15 世紀地理大發現時期，一躍成為許多航海家探險世界的起點，造就殖民帝國的繁榮勝景。1755 年，里斯本遭遇規模高達 9 的大地震與繼之而來的毀滅性火災與海嘯，一度使里斯本以致整個國家由勝轉衰。如今的里斯本雖不復航海時代的意氣風發，卻仍以深厚的歷史文化遺產與蓬勃的新興文創產業，展現厚實的古都魅力。

里斯本 Lisboa

　　里斯本（澳門稱葡京）地處葡萄牙中南部，南臨太加斯河（Tejo）出海口、北倚辛特拉山，爲葡萄牙共和國的首都與最大城。市內因地形曲折蜿蜒、坡道處處而有「七丘之城」的美譽，優雅行駛於狹窄舊城間的銘黃色電車，正是其中最經典的風景。里斯本屬典型的地中海型氣候，夏季晴熱乾燥、日夜溫差大，遇熱浪來襲時高溫可達 40 度，夜晚又因氣溫驟降而有寒意；冬季雨水豐沛、氣候多變，多數時候較歐洲其他城市溫暖，偶爾寒流來襲也可能下雪。

　　懷舊氛圍、舒緩步調、便捷交通、物價適中、治安良好與健全的旅遊環境，讓里斯本不僅是暢遊歐洲的入門款，更是值得細細品味的精裝珍藏版。

里斯本觀光指南圖

里斯本機場

東方車站

Campo Grande 站　TEJO 里斯本站

里斯本海洋水族館

里斯本動物園
Rede expressos 里斯本站

Jardim Zoológico 站
①
② Campo Pequeno 站

Sete Rios 站
São Sebastião 站

④

③
⑤

⑦ ⑥

⑧
聖胡斯塔升降機

阿茹達宮

② 熱羅尼莫斯修道院

⑩

⑨

Cais do Sodré

太加斯河

貝倫塔　發現者紀念碑

太加斯河

⑪

Cacilhas

⑫ 阿爾馬達鎮

① 景 鬥牛場

② 景 古爾本基安美術館

③ [i] 駐葡萄牙台北經濟文化中心

④ 景 國家磁磚博物館

⑤ 景 水源博物館

⑥ 區 阿爾法瑪舊城區，詳見 P71

⑦ 區 龐巴爾下城、希亞多、上城，詳見 P95

⑧ 景 埃什特雷拉聖殿

⑨ 景 LX 文創工廠

⑩ 區 貝倫區，詳見 P126

⑪ 景 4 月 25 日大橋

⑫ 景 里斯本大耶穌像

交通資訊

　　作爲首善之都，里斯本的聯外陸空交通多元便利，是許多國外旅客進入葡萄牙的第一站。除了飛機直達，如時間允許，由馬德里乘跨境臥鋪火車或巴士前往，也是另一種值得體驗的慢遊方式。葡萄牙的陸路長途運輸同樣以里斯本爲中心向外放射，市區、市郊設有數個火車與巴士站，各站有固定經營的路線，其中羅西歐火車站、聖塔阿波羅車站和東方車站，爲觀光客最常利用的 3 座火車站。

`INFO`

羅西歐火車站 Estação de Caminhos de Ferro do Rossio

🏠 Rua 1º de Dezembro
🚇 Restauradores 地鐵站以南 100 公尺
🔍 車站完工於 1890 年，鄰近羅西歐廣場，主營
　　開往辛特拉的 Linha de Sintra 市郊路線，
　　平均班距 15 分鐘，車程 40 分鐘

聖塔阿波羅車站 Estação Ferroviária de Lisboa-Santa Apolónia

🏠 Av. Infante Dom Henrique 1
🚇 Santa Apolónia 地鐵站即達（火車、地鐵共構）
🔍 建於 1865 年，為里斯本最富歷史的火車站，
　　出發列車多為長途班次，停靠車班有 AP、
　　IC、IR、R、U、Linha de Azambuja 等，
　　可由此前往波爾圖、科英布拉等城市

東方車站 Gare do Oriente

🏠 Av. Dom João II
🚇 Oriente 地鐵站即達（火車、地鐵共構）
🔍 與聖塔阿波羅車站並列里斯本兩大交通樞紐，為迎接 1998
　　年里斯本世界博覽會而興建的複合式車站。站內包括高速鐵
　　路、地鐵、區間火車與當地、國內長途、跨境
　　巴士，停靠火車車班有 AP、IC、IR、R、U、
　　Linha de Azambuja、Linha de Sintra 等，
　　繁忙程度可與紐約中央車站媲美

長途運輸

飛機
必轉之路

溫貝托‧德爾加多機場（代碼 LIS，全名 Aeroporto Humberto Delgado）位於里斯本市北 8 公里處，為葡萄牙最主要的國際機場，目前臺灣無航班直飛葡萄牙，臺、葡直線飛行距離 11,241 公里，前往里斯本需轉機 1 ～ 2 次，單趟航程（含轉機時間）至少需 20 小時，標準來回票價含稅新臺幣 45,000 元起。鄰近的西班牙馬德里與里斯本間每日有十餘航班對飛，航程 1 小時 15 分，也是旅客經常利用的往來途徑。

從機場前往市區相當便捷，有地鐵（紅色東方線）、機場巴士（AeroBus）、公車、計程車等選擇，其中以地鐵 CP 值最高，至市區各站皆為單程€ 1.45；機場巴士 24 小時通票（24h Aerobus Pass）€ 3.5，分為 1 號市中心（City Center，終點 Cais do Sodré）、2 號金融中心（Financial Center，終點 Av. José Malhoa（Sul）） 兩線：公車現金購票€ 1.85（Viva Viagem Card 儲值卡單程€ 1.45），唯不能攜帶大件行李；計程車車資約€ 20，使用行李箱單次收費€ 1.6。儘管司機多通曉英語，仍建議可以葡文寫下欲前往的地點或地址，以減少口語溝通的誤差。

INFO

AeroBus
- 🕐 1 號線 08:00 ～ 23:00（20 ～ 25 分一班 ）、2 號線 08:00 ～ 20:00（40 分一班）
- 💰 單人 24 小時通票€ 3.5、網路購票€ 3.15；雙人 24 小時通票€ 5.5、網路購票€ 4.95
- 📍 1 號線貫穿里斯本市區，行經多個地鐵站與主要道路，可透過官網查詢入住旅館最靠近的車站
- 🌐 aerobus.pt

跨境火車
跨夜直達

里斯本與馬德里間設有跨境火車（TRENHOTEL），每日晚間自里斯本東站、馬德里查馬丁火車站（Estación de Madrid-Chamartín）對開，分別是馬德里

21：43 發、里斯本 07：20 到；里斯本 21：34 發、馬德里 08：40 到，車程約 10 小時，4 種艙等可供選擇。火車每日一班、經常客滿，請確認搭乘時間後盡早透過 Renfe 或 CP 官網訂票。

筆者乘坐由馬德里開往里斯本列車時，遇上延遲 10 餘分發車的情形，站內並無說明原因，僅是電子看板一直沒有顯示搭車月台，所有旅客只能先在大廳等待。確定乘車月台後，乘客魚貫移動至月台、驗票即可上車，途中並無檢查行李與護照。車上空間狹窄，即便是被暱稱為土豪車廂的 G. Class 也不寬敞，放入兩個登機箱已無走路空間，乘車前可先將會使用到的物品集中在好拿取的小袋子內，避免車內開箱的麻煩。

行駛於葡、西兩國首都的跨夜臥鋪火車

G.Class 包廂內的獨立衛浴雖小但五臟俱全，水壓強且熱，盥洗包從耳塞、牙刷（尤其難得）、沐浴乳、洗髮精、紙拖鞋、大浴巾皆備。至於過境檢查，個人經驗是約莫凌晨 2 點、由西班牙入境葡萄牙時，有警察敲門要求提供護照查驗，過程中僅簡單翻閱與核對身分，全程不超過 1 分鐘。附帶一提，搭乘由波爾圖開往西班牙維戈的跨境火車時，途中並無進行任何檢查。

火車艙等說明

艙等	中文意譯	票價（Flexible）	設備
Turista	非臥鋪的經濟座椅	€ 60.5	純座椅
Cama Turista	四人一室經濟車廂	€ 84	四床（限同性別，但四人一起購票不受此限）
Cama Preferen	雙／單人商務車廂	€ 99.8 ／€ 145.8	洗手台
Cama G. Class	雙／單人頭等車廂	€ 120.1 ／€ 177.6	廁所＋淋浴

附註：
票價再按權限分為 Flexible 原價票（可免費改票、退票收票價 5％）、Promo ＋彈性促銷票（改票收票價 20％、退票收 30％）、Promo（不可改票、無法退票、不能選位）、Ida y Vuelta（來回票），權限越多、票價越高。若非大爆滿，即使買不能選位的 Promo 票，座位也會排在一起。價位較高的 Cama Preferen、Cama G. Class 艙等，無論何時買都是相同票價、無早鳥優惠。

跨境巴士
ALSA + Avanza

穿梭歐洲各城市的 3 種公共運輸工具中，飛機快速便捷（淡季低廉唯限制多、旺季飛漲且一票難求）、火車舒適準點（票價偏高、班次固定受限、耗時長），

而價位適中、班次靈活的跨國長途巴士，就是介於兩者間的選擇。Eurolines 爲歐洲規模最大的跨國長程巴士公司，採直營或與當地巴士公司結盟的營運方式，中型以上城市都有設站。

除單程票、來回票，也提供 15 日、30 日的坐到飽 PASS，提早 7～45 天訂票可享優惠（遇促銷時可達對折甚至更低）。

Eurolines 行駛於里斯本、馬德里間的車班由 ALSA 營運，途經西班牙阿維拉、薩拉曼卡與葡萄牙科英布拉等，每日對開 4 個班次。除 ALSA，另一間 Avanzabus 也有車班運行，周一至周五每日對開 6 個班次，周六、日縮減至 4 個班次（下午班次停駛）。一般而言，車程需 7～12 小時不等，每 2～3 小時入休息站稍事停留，休息站內廁所收費€ 0.5，乘客人流較複雜，隨時謹記財不露白。

馬德里 ⇔ 里斯本跨境巴士一覽

公司	路線	時刻表	參考票價
ALSA	馬德里美洲路巴士總站 → 里斯本東方車站	09：15 → 20：45、22：15 → 06：30	日班€ 50 夜班€ 40
	里斯本東方車站 → 馬德里美洲路巴士總站	07：45 → 21：00、21：15 → 07：15	
Avanzabus	馬德里南巴士總站 → 里斯本東方車站	10：00 → 17：00、14：30 → 22：00、21：00 → 04：00	€ 43.3
	里斯本東方車站 → 馬德里南巴士總站	09：15 → 18：40、12：15 → 21：55、20：15 → 05：30	

INFO

ALSA
- alsa.es
- 輸入起訖點、乘車日期、乘車人數等資訊即可查知車班、票價、預訂車票

Avanzabus
- avanzabus.com
- 輸入起訖點、乘車日期、乘車人數等資訊即可查知車班、票價、預訂車票

馬德里美洲路巴士總站 Intercambiador de Transporte Avenida de América
- Av. de América 9-A
- Avenida de América 地鐵站即達（地鐵站與巴士站有地下道相通）
- 馬德里市區有數個長途巴士與近郊巴士發車的總站，前往目的不同、上車地點亦不同。其中，美洲路巴士總站是以開往西班牙北部路線（巴塞隆納、薩拉戈薩、畢爾包等）及 ALSA 經營的長途巴士為主

馬德里南巴士總站 Estación Sur de Autobuses
- Méndez Álvaro 83
- Méndez Álvaro 地鐵站即達
- 除短、長途（包括：巴塞隆納、格拉納達、阿維拉、哥多華、瓦倫西亞、塞維亞等）也有國際線巴士，發車的班次非常多，為馬德里市區具規模的巴士總站。站內 2 樓售票、1 樓乘車，購票時不妨先至詢問處告知欲前往的地點，以確認購票窗口

市區移動

里斯本的公共運輸票價平實（單趟平均新臺幣 45 元、1 日券約新臺幣 200 元），因應市內高低起伏的丘陵地形，不只平面行駛，亦有翻山越嶺的升降機和穿越太加斯河的渡輪，綿密交通網絡將整座城市立體連結。

由於上車現金買票非常吃虧，乘客均會使用 Viva Viagem Card 儲值卡或里斯本卡，前者設有 3 種儲值方案，後者則包含乘車免費與景點、商店優惠等折扣，可依個人需求選購。

跳表計程車經常可見且車資親民，市區短程多在€ 10 內（遇塞車則金額累積速度快；長途價高，至辛特拉約€ 70），非尖峰時間叫車方便，平日白天 09：00 ～ 18：00 搭乘最划算（起跳價€ 3.25，晚間 21：00 ～ 06：00 及例假日提高至€ 3.9），

開行李箱一次€ 1.6、電話叫車或車站排班加收€ 0.8。由於市區單行道多（舊城區單線雙向道更經常需禮讓或尾隨電車行駛），路況難料（一但有事故就可能讓整條路阻塞），繞路、塞車在所難免。鑑於道路狹窄、規劃複雜、停車不易、

光復廣場旁的 Foz 宮旅遊服務處

易雍塞等因素，不建議初次造訪者在市區自駕。

　　地鐵站內的藝術饗宴到古老電車的城市漫遊，大眾交通工具不僅在運輸，亦是值得專程造訪的獨特景致。儘管市內的扒手不似馬德里、巴塞隆納、巴黎那般惡名昭彰，但身處人潮擁擠的電車（尤其是常被觀光客擠爆的 28E）、地鐵時也務必提高警覺，技巧性地擺脫靠近或跟隨的可疑陌生人，即使他／她們看來並不像扒手。建議有位子就坐、站立時靠牆，擠不上去就等下一班（通常電車很快會再來），若非必要請避免尖峰時間搭乘。

　　里斯本（乃至整個葡萄牙）的旅遊系統健全、型態多元，不同喜好的旅客都可在此找到適合的觀光路線。無論是有任何疑問、尋求協助、索取資料、蒐集即時資訊，都可向設在鬧區或旅遊熱點的旅客服務處（ask me Lisboa）諮詢，服務人員英語流利、態度熱忱，幾乎都能得到滿意的答覆。

「ask me Lisboa」旅遊服務處位址

服務處名稱	位置	服務時間
Terreiro do Paço I	商業廣場（Rua do Arsenal 15）	09：00～20：00
Lisboa Story Centre	商業廣場 78-81	10：00～20：00
Aeroporto de Lisboa	里斯本機場	07：00～00：00
Palácio Foz	自由大道東南端、光復廣場旁	09：00～20：00
Risso	羅西歐廣場	10：00～13：00 14：00～18：00
Belém	熱羅尼莫斯修道院正對面	09：00～18：00

Viva Viagem Card 儲值卡

搭車，Viva！

里斯本的公共運輸系統是由 Metro 公司（里斯本地鐵）與 Carris 交通公司（包含市內 78 條公車線、5 條電車線、4 輛升降機）經營，分別發行名為 Viva Viagem Card、7 Colinas 的乘車儲值卡，除卡片名稱不同，使用並無差異，本文即以 Viva Viagem Card 為例說明。基於車上現金買票昂貴且無法享受轉乘優惠，因此幾乎人手一張（或是多張）。

進出無柵門式車站需自行找機器過卡

Viva Viagem Card 型態類似臺北悠遊卡，一律上車刷卡，首次搭車前，可於地鐵藍色自動售票機或人工售票窗口等銷售點購買寫有 Viva Viagem 字樣的黃綠色磁條卡€ 0.5（機台開頭會顯示 With a reusable Card 與 Without a reusable Card，首次購票請點選後項）。卡片為買斷制，效期是購入後一年，期間可無限次數儲值使用，到期後雖不能儲值，但仍可繼續用完卡片內餘額。需注意的是，Viva Viagem Card 為厚紙磁條卡，請小心保管收納，若因卡片破損、磁條毀壞導致無法使用，就得自掏腰包重新購買。

Viva Viagem Card 適用於搭乘 Carris 經營的大眾運輸系統及地鐵，目前有「單程票」（Carris ／ Metro single ticket）、「一日券」（1 day ticket network 24h，期限為首次啟用後 24 小時）、「定額儲值」（Zapping）3 種方案。基本上，偶爾（1

日 3 趟以下）搭乘 Carries ＋ Metro 可選「單程票」，經常搭乘適合「一日券」，至於除了 Carries ＋ Metro 外還需搭乘渡輪與郊區火車，則請選用「定額儲值」。最重要的是，一張卡片一次只能選擇一種方案，也就是說，第一天儲值€ 3「定額儲值」，第二天想使用「一日券」，就一定要把「定額儲值」內的金額用完歸零，才能改換新方案，以此類推。

對短期造訪的觀光客，實惠又省腦的「一日券」可謂首選，畢竟一趟聖胡斯塔升降機往返€ 5.15 已接近打平，在「七丘之城」一日乘 4、5 趟交通工具也非難事，如果有突發狀況需額外搭車，也不會增加交通費。偏好步行遊覽或每日搭車次數較少的旅客，「定額儲值」會是不錯的選擇，除了搭多少用多少、享有折扣等優點，其用法相對靈活——使用範圍更擴展至 Grupo Transtejo、Fertagus、MTS（Metro Transportes do Sul）等交通營運商，不似「一日券」得受限於適用範圍，只要卡片金額足夠都可搭乘。

Viva Viagem Card 三種方案說明

儲值方案	儲值金額	說明
單程票	€ 1.45[1]	市內 Carris 大眾運輸系統／地鐵單程票，享 1 小時內免費轉乘[2]
一日券	€ 6.15	市內 Carris 大眾運輸系統＋地鐵（不含機場與觀光巴士）
	€ 9.15	市內 Carris 大眾運輸系統＋地鐵＋行駛於太加斯河至 Cacilhas 渡輪
	€ 10.15	市內 Carris 大眾運輸系統＋地鐵＋ CP[3]
定額儲值[4]	€ 3 ～ 45	Carris/Metro 單程€ 1.3，享 1 小時內免費轉乘，餘額不退

附註：

[1] 不使用 Viva Viagem Card 儲值卡、車上現金買票價格分別為：公車€ 1.85；電車€ 2.9；榮耀升降機、比卡升降機、修道院升降機€ 3.7（往返）、聖胡斯塔升降機€ 5.15（往返），無 Viva Viagem Card 無法搭乘地鐵。

[2] 不能地鐵轉地鐵，出地鐵站後必須儲值買票才能再入站。

[3] 僅適用於往返辛特拉、卡斯凱什（Cascais）的區間火車，不能用此搭乘長途對號列車。

[4] 第一次儲值至少€ 2 以上，自動售票機最低選項為€ 3；第二次以後就可儲值€ 0.01 起（以便於將卡片餘額用罄），儲值€ 3 以下需至人工售票窗口辦理。單次儲值金額越高可享越多紅利優惠，如：儲值€ 5 ～ 6.99 回饋€ 0.15、€ 7 ～ 9.99 回饋 0.35、€ 10 ～ 14.99 回饋 0.75、€ 15 以上回饋€ 1.15，餘額只能用完、不可退還。

自動售票機操作畫面清楚易懂   上車務必記得刷卡

　　儘管 Viva Viagem Card 乍看似大同小異，實際卻暗藏「白、綠」玄機；里斯本地鐵站售票機內購得的白底卡片，在左側印有公車、電車、渡輪、地鐵圖樣，適用於 Carris 經營的大眾運輸系統。然而，筆者前往與市區有一河之隔的阿爾馬達鎮（Almada，里斯本大耶穌像所在地）、搭乘 MTS，與里斯本地鐵非同一系統）時，卻遇上白底 Viva Viagem Card 無法扣款，而必須於該站售票機再買一張 Viva Viagem Card（此張為綠底）儲值車資。此外，同樣使用 Viva Viagem Card 的「辛特拉一日交通卡」，也只能儲值於綠底卡片中，也就是說，綠底卡較白底卡適用範圍更廣，但要注意的是里斯本地鐵站內僅能購得白底卡。

　　在里斯本，搭乘大眾運輸多採上車刷卡模式，儘管鮮少遇到查票，但只要查票就是雷厲風行（查票員手持電子讀卡機，一刷便知），上車時務必記得過卡，同時留意讀卡機是否有亮綠燈，以免因未刷卡成功而造成誤解。最後，基於便利、適用範圍等原因，有時身上不只有一張 Viva Viagem Card，最好在卡片上做簡單標記、以資辨別。

INFO

Viva Viagem Card 儲值卡
metrolisboa.pt/eng/
customer-info/viva-
viagem-card

里斯本卡 Lisboa Card
一卡在手 ·「玩」事皆通

顧名思義，里斯本卡就是讓旅人可以划算價格暢遊城市的多功能旅遊卡，不僅提供景點免費或票價折扣，更有主題旅遊、免費一日遊、免排隊優待、Carries ＋ Metro 公共運輸免費無限搭乘（除里斯本市內，亦包含往返辛特拉與卡斯凱什的火車班次）、購物折扣等各項優惠。

里斯本卡按效期分為 24 小時、48 小時、72 小時三種，售價分別是€19、€32、€40，除在里斯本機場、商業廣場、羅西歐廣場、Foz 宮（Palácio Foz，近 Restauradores 地鐵站、自由大道旁）等的遊客服務處購買，也可先透過官網預購（每張折扣€1），抵達里斯本後，再以電子郵件憑證於各旅客服務處兌換實體卡。

首次使用前，請將姓名、日期、時間寫在卡片上，24 小時卡的有效期限為首次啟用後 24 小時，以此類推。里斯本卡的適用範圍廣，幾乎涵蓋所有會前往的景點與會搭乘的車班，乘車時就如刷 Viva Viagem Card 般在機器前嗶一下即可，是划算兼省事的選擇（僅需注意到期時間），遊客可根據自己停留的時間與旅遊路線規劃選購。

INFO

里斯本卡
- lisboacard.org
- 載明里斯本卡的適用範圍、折扣情形、購買途徑、使用方法、合作店家等

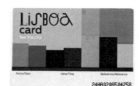

地鐵 Metro de Lisboa
站內有「藝」思

　　1959年底通車的里斯本地鐵，是葡萄牙第一個地鐵系統，目前有藍色海鷗線（Linha da Gaivota）、黃色向日葵線（Linha do Girassol）、綠色帆船線（Caravel Line）與紅色東方線（Orient Line）等4條，現仍持續擴建中。運行時間為06:30～01:00，平均5～8分一班，市區車票均一價€ 1.45，由機場出發的班次也不例外。筆者的搭乘經驗是，地鐵月台較列車車廂長，因此經常見到許多人

追著正進站的列車跑；地鐵班次緊湊，如眼前乘客爆量（有時會擠到門關不起來），不妨等待數分鐘後的下一班，多數會比前台的寬鬆甚至有座位。

　　里斯本地鐵站內乾淨明亮、富饒藝術氣息，與瑞典斯德哥爾摩、加拿大蒙特利爾、俄羅斯莫斯科地鐵齊名，站內陶瓷雕

塑、磁磚畫與車站所在位置的歷史文化相連結，是名符其實的「一站一主題、一站一藝廊」。車站原型出自葡萄牙建築師 Francisco Keil do Amaral 手筆，奠定其線條流暢、裝飾柔和的基礎；藝術家 Maria Keil 則著手設計牆面，25 年間共完成 19 座車站的磁磚畫，甚至誘發國內新一輪的磁磚畫創作熱潮。時序進入 1980 年代，隨著站體的擴張與改建，葡萄牙知名建築與藝術工作者紛紛投入創意，使車站更加豐富多元。其中，位於紅色東方線上的 Olaias 地鐵站，就是由建築師 Tomás Taveira、Rui Sanches 與藝術家 Pedro Cabrita Reis、Graça Pereira Coutinho 和 Pedro Calapez 共同打造的「色彩大爆炸」，以高飽和度的強烈用色與亂中有序的幾何結構大膽詮釋主題，建構繽紛多彩的視覺萬花筒。

INFO

里斯本地鐵

- metrolisboa.pt
- metrolisboa.pt/informacao/
  planear-a-viagem/
  diagrama/（路線圖）

公車 Autocarro
暢遊市區不漏勾

里斯本的公車系統是由 Carris（Companhia Carris de Ferro de Lisboa 的簡稱）經營，市內 78 條公車線，交通網絡綿密，地鐵、公車轉乘便捷。原則採前門上、後門下方式，市內不分區、均一價，上車時刷 Viva Viagem Card 或 7 Colinas 儲值卡付費（單程票模式€ 1.45、定額儲值模式 € 1.3，車廂內處處可見刷卡機）或於車廂間的自動售票機現金購買（單趟票價 € 1.85）。

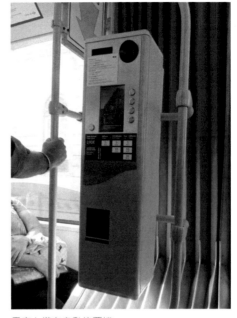
電車上備有自動售票機

里斯本的公車尚稱準時，部分車站設有電子看板系統，路線圖標示清楚易懂，黃色手指處即所在位置，往下為車行方向。因應平假日調整班次，站牌也會提供 Dias Úteis（周一至周五）、Sábados（周六）、Domingo e Feriados（周日及國定假日）的時刻表。需留意的是，儘管市內公車也有開往機場（Aeroporto）的班次，但司機對行李尺寸管制嚴格（無法運送大行李且無行李架），攜帶行李箱者還是搭乘地鐵或機場巴士為佳。

INFO

Carris —— 公車＋電車＋升降機路線資訊
⊚ carris.pt/pt/carreiras
▤ carris.pt/fotos/editor2/maparedediurnacarris.pdf（路線圖）

電車 Elétrico
城市慢旅

同樣由 Carris 經營的電車系統，開始於 1873 年，1950 年代達到高峰（27 條），目前僅存 5 條路線，分別為 12E、15E、18E、25E、28E，其中 12E、18E、28E

的懷舊黃色電車行駛於顛簸蜿蜒的舊城狹窄巷弄，是觀光客造訪里斯本必備的遊覽行程。與公車相同，電車採前門上、後門下方式，上車時刷 Viva Viagem Card 或 7 Colinas 儲值卡付費，市內不分區、均一價€ 1.45，無儲值卡者也可向司機購票、售價€ 2.9。

　　觀光客最常利用的班次，就屬行駛於阿爾法瑪舊城區的 28E 及開往貝倫區的 15E（複數車廂新式電車），28E 因外國旅客眾多而成為扒手眼中的肥羊專車（筆者實際搭乘並未遇上，但小心謹慎為上策），而 15E 則常有未到終點站，司機就以「Bus Finish」要求所有乘客下車的狀況。其實，如同區間公車的概念，里斯本的

電車、公車部分採區間營運（尤其像 15E 這類乘客多、路線長的班次），車頭電子面板會標明終點站，但觀光客經常是「號碼對就上車」，才會造成「未到終點就停駛」的印象。如無暇慢慢研究又擔心搭到區間車或搭到反向車而額外增加費用，坐到飽的 Viva Viagem Card「1 日券」會是最安心的選擇。

五條電車路線說明

編號	名稱	時間	行駛區域／每小時班次
12E	Pç. Figueira ⟺ Pç. Figueira 無花果樹廣場環狀線	平日 08：00 ～ 20：45 假日 09：00 ～ 20：15	阿爾法瑪舊城區西、龐巴爾下城／平日 4 ～ 5 班、假日 2 ～ 5 班
15E	Pç. Figueira ⟺ Algés 無花果樹廣場至貝倫區南	廣場發 05：45 ～ 01：00 貝倫發 05：10 ～ 00：55	龐巴爾下城、貝倫區沿海岸線／平均 4 ～ 6 班
18E	Cais Sodré ⟺ Cemitério Ajuda Cais Sodré 碼頭至貝倫區北	碼頭發 06：20 ～ 20：15 貝倫發 06：00 ～ 19：50	龐巴爾下城、貝倫區北／平均 2 ～ 3 班
25E	Pç. Figueira ⟺ Campo Ourique 無花果樹廣場至上城	廣場發 07：00 ～ 21：00 上城發 06：30 ～ 20：30	龐巴爾下城、希亞多、上城／平均 2 ～ 4 班，周六、假日停駛
28E	Martim Moniz ⟺ Campo Ourique 阿爾法瑪舊城區至上城	舊城發 05：40 ～ 23：10 上城發 06：20 ～ 23：25	阿爾法瑪舊城區、龐巴爾下城、希亞多、上城／平均 4 ～ 7 班

升降機 Elevador
電梯也能是景點？

　　與公車、電車相同，市內的 4 座升降機也是由 Carris 經營，除聖胡斯塔升降機（Elevador de Santa Justa）為垂直運行，其餘榮耀升降機（Elevador da Glória）、比卡升降機（Elevador da Bica）及修道院升降機（Elevador do Lavra）則為沿坡而建的纜索鐵路，這類地面纜車結合索道與登山鐵路的特點，可謂克服高傾斜陡坡的運輸神器。4 座升降機皆由出身波爾圖的法裔工程師 Raul Mesnier du Ponsard 設計，他擅長規劃索道與纜車，目前仍在運行的仁慈耶穌纜車（布拉加）、納扎雷纜車（納扎雷）也是出自他的手筆。

　　最具知名度的聖胡斯塔升降機，高 45 公尺，連接龐巴爾下城與上城地區，1900 年動工、1902 年落成，初期使用蒸汽動力、1907 年改以電力驅動。升降機屬哥德復興式風格，木質升降機籠裝飾精美，單次最大運量為 20 名乘客。抵達上層後，再經螺旋樓梯就可至頂樓觀景台，由此眺望龐巴爾下城、聖喬治城堡等市內全景。至於同樣兼具觀光功能的榮耀、比卡與修道院升降機，則各自分佈於市中心龐巴爾

下城、希亞多、上城，19 世紀末面市、20 世紀初電氣化，其中以連結下城與上城間的榮耀升降機使用率最高，每年運輸量達 300 萬人次。

作為旅客的造訪熱點，聖胡斯塔升降機與榮耀升降機的搭乘處經常大排長龍，等待在所難免。除了人多外，也是因為司機一人分飾多角，不只得操作機械還需驗票、賣票、找零，加上動作慢工細活，導致隊伍始終無法消化。最明顯的例子是聖胡斯塔電梯，單是入電梯後的等待光陰就遠超過乘坐時間，總之一切都需要耐性。

INFO ....

聖胡斯塔升降機
- Largo do Carmo ⇔ Rua do Ouro
- Rua de Santa Justa
- 3 月至 10 月 07:00 ～ 23:00、11 月至隔年 2 月 07:00 ～ 21:00
- 現場買票 € 5.15（含往返及觀景台門票 € 1.5）；使用 Viva Viagem Card「1 日券」或里斯本卡免費
- Baixa-Chiado 地鐵站以北 200 公尺、Rossio 地鐵站西南 250 公尺
- carris.pt/pt/ascensores-e-elevador

榮耀升降機
- Praça Restauradores ⇔ S. Pedro de Alcântara
- Calçada da Glória 6
- 周一至周四 07:15 ～ 23:55、周五 07:15 ～ 00:25、周六 08:45 ～ 00:25、周日 09:15 ～ 23:55
- 現場買票 € 3.7（含往返）；使用 Viva Viagem Card「1 日券」或里斯本卡免費
- Restauradores 地鐵站以北 150 公尺

比卡升降機
- Rua S. Pedro de Alcântara ⇔ Largo Calhariz
- Rua de S. Paulo 234
- 周一至周六 07:00 ～ 21:00、周日 09:00 ～ 21:00
- 現場買票 € 3.7（含往返）；使用 Viva Viagem Card「1 日券」或里斯本卡免費
- Cais do Sodré 地鐵站以北 550 公尺

修道院升降機
- Largo da Anunciada ⇔ Rua Câmara Pestana
- Calçada do Lavra
- 周一至周六 07:50 ～ 19:55、周日 09:00 ～ 19:55
- 現場買票 € 3.7（含往返）；使用 Viva Viagem Card「1 日券」或里斯本卡免費
- Restauradores 地鐵站東北 550 公尺

TUK TUK
里斯本也有嘟嘟

　　2015 年前後，爲因應里斯本倍增的旅遊交通需求，以摩托車爲基礎改造、可輕鬆穿梭於狹窄道路的 TUK TUK 便在兩年內快速成長。與泰國的嘟嘟車相仿，TUK TUK 大致有兩人座與四人座兩種，行駛於舊城區各景點間。TUK TUK 採口頭議價，上車前告知司機欲前往的地點或地址再請對方報價，由無花果樹廣場至阿爾法瑪舊城區一般收費€ 10。

　　TUK TUK 的駕車方式豪邁奔放，行駛於高低起伏、崎嶇不平且彎曲陡峭的道路依舊猛催油門，搭乘時被甩來甩去在所難免，請儘量坐穩坐好。附帶一提，波爾圖、辛特拉、科英布拉、吉馬良斯等地區也可見 TUK TUK 身影，唯數量遠不及里斯本舊城區。

渡輪 Barco
穿梭太加斯河上

　　穿梭太加斯河的渡輪業務由 Transtejo 集團經營，目前有 5 條航線，遊客最常搭乘往返里斯本市區（Cais do Sodré 碼頭）與阿爾馬達鎮（Cacilhas 碼頭）的黃線。類似香港天星小輪，Transtejo 渡輪不僅有交通運輸功能，本身也具觀光價值，是欣賞太加斯河兩岸風光首選。

渡輪的五條航線說明

代表色	航線	航程	票價	平日營運時間
藍	Terreiro do Paço⇔Barreiro	20分	單程€ 2.35、Zapping € 2.3	05:15 ～ 00:30
紅	Cais do Sodré⇔Montijo	25分	單程€ 2.75、Zapping € 2.7	06:00 ～ 22:30
綠	Cais do Sodré⇔Seixal	20分	單程€ 2.35、Zapping € 2.3	06:10 ～ 22:30
黃	Cais do Sodré⇔Cacilhas	10分	單程€ 1.25、Zapping € 1.2	05:20 ～ 00:40
橘	Belém⇔Porto Brandão、Trafaria	25分	單程€ 1.2、Zapping € 1.15	06:30 ～ 21:40

附註：周六、日及假日會縮短營運時間

INFO

Cais do Sodré 碼頭

🏠 Rua da Cintura do Porto de Lisboa
🕐 05:15 ～ 01:40；售票口周一至周五 06:45 ～
23:00、周末假日 08:15 ～ 23:00
🚇 Cais do Sodré 地鐵站即達
🌐 transtejo.pt

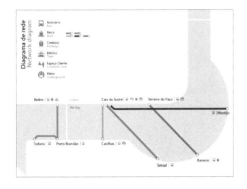

阿爾法瑪舊城區 Alfama 及其以東

　　阿爾法瑪地處聖喬治城堡與太加斯河間的山坡地帶，爲里斯本最富歷史的舊城區，區內保留許多中世紀以來的建築與格局，磁磚畫與紅瓦白牆老屋令人目不暇給，宛如迷宮般的狹窄巷弄與蜿蜒起伏是特色也是常態，每個轉角都會帶來意想不到的驚喜。

　　漫遊阿爾法瑪，步行或搭乘電車 28E 最爲合適，繼續往東延伸，腿力佳者仍可選擇步行、欲省時省力者則可借助地鐵＋公車或計程車。由於公車路線眾多不及備載，故舊城區內的交通資訊僅列出地鐵站和 28E 的部分。

阿爾法瑪舊城區觀光指南圖

① 景 里斯本跳蚤市場

② 景 國家先賢祠

③ 景 城外聖文生教堂

④ 食 粗鹽酒館

⑤ 景 軍事博物館

⑥ 食 法朵先生

⑦ 景 聖斯德望堂

⑧ 食 八月小餐館

⑨ 景 聖喬治城堡

⑩ 食 28 café

⑪ 景 太陽門廣場

⑫ 景 太陽門觀景台

⑬ 景 裝飾藝術博物館

⑭ 景 法朵博物館

⑮ 食 誘惑餐館

⑯ 景 里斯本主教座堂

⑰ 景 聖安東尼堂

⑱ 景 尖石宮

「磁」海無涯

磁磚畫是葡萄牙聞名全球的藝術型態，通常由正方形磁磚組成，色彩有單色（以藍居多）也有多色，質地有光滑有立體，磚的表面塗有琺瑯保護，具有防水明亮的效果。回顧磁磚畫歷史，儘管製造與繪畫技巧源自曾占領伊比利半島的摩爾人，但其後建立的葡萄牙王國，

無疑是將其發揚光大的重要推手，幾世紀來，磁磚畫一直是葡萄牙表現藝術的主要媒介。值得一提的是，早年因工藝複雜、價格昂貴而僅能用於皇宮、貴族宅邸或修道院、教堂等特定建築，成為地位、身分與財富的象徵。然而，隨著技術普及與大量生產，磁磚畫不再如過往那般高不可攀，處處都可見到它的蹤跡。

成立於 1965 年的國家磁磚博物館，座落於 16 世紀初建造的聖母修道院（Convento da Madre de Deus），目的在完整收藏、展示與修復、研究這項珍貴的文化財，館內系統性地介紹磁磚畫自 15 世紀以來的發展歷程，非常豐富精彩。

眾藏品中，一幅描繪里斯本 1755 年大地震前市容的磁磚畫，更展現其兼具藝術價值與歷史紀錄的雙重意義，透過作品，世人可認識這場毀滅性災難對城市造成何等深刻的影響。館內不僅有靜態展覽，亦安排繪製磁磚畫的體驗活動（網站預約、費用€ 7.5），並設有以磁磚畫爲主題的咖啡廳，牆面貼著魚、兔子、香腸等野味和食材的磁磚畫，恰是藝術融入日常的又一例證。

INFO

國家磁磚博物館

🏠 Rua Madre de Deus 4　☎ +351 21 810 0340
🕐 10:00 ～ 18:00（周一休）　💲 € 5（周日 14:00 入場免費）
⭐ 持里斯本卡享免費入場
🚇 Santa Apolónia 地鐵站東北 1.4 公里；公車 210、718、742、759、794 至 Igreja Madre Deus 站即達
🌐 museudoazulejo.pt

景 水源博物館 Museu da Água

解渴的故事

　　回顧里斯本的城市發展歷程，經常因人口不斷增加而面臨長期缺乏飲用水的難題，直到國王約翰五世（João V，1689～1750）下令建設阿瓜里弗渡槽（Aqueduto das Águas Livres，渡槽又稱水道橋），才基本獲得紓緩。這項18世紀最傑出的歷史性工程，費用來自抽取牛肉、酒與橄欖油的特別銷售稅，主線長18公里，最終將水注入水之母水庫（Reservatório da Mãe d'Água das Amoreiras）。時至今日，儘管渡槽與水庫已不再肩負供水的重任，卻以博物館的姿態獲得保留。館方依照原先功能屬性，將展覽區塊分爲渡槽、水庫、蒸氣抽水站等數個部分，其中也包含許多珍貴的歷史檔案、紀錄片與攝影集，是認識里斯本「水歷史」、體認全球「水現況」與學習珍惜「水資源」的最佳去處。

INFO

水源博物館

🏠 Rua Alviela 12　　　　📞 +351 21 810 0215

🕐 10:00 ～ 17:30（周一、周日休）

💲 博物館 € 10（效期1年）、蒸氣抽水站 € 4、阿瓜里弗水道橋（AAL）€ 3、水之母水庫（RMAA）€ 3、AAL ＋ RMAA 套票 € 5（效期半年）等

⭐ 持里斯本卡折扣 50%

🚇 Santa Apolónia 地鐵站東北 700 公尺；公車 206、210、706、735、759、794 至 Cç. de Santa Apolónia 站

📷 facebook.com/museuagua

國家先賢祠 Panteão Nacional

爛尾樓的莊嚴重生

　　國家先賢祠的前身是主俸布拉加殉道者「聖恩格拉西婭」的同名教堂（Igreja de Santa Engrácia），最早由國王曼努埃爾一世（Manuel I）之女瑪麗亞公主（Maria, Infanta de Portugal）於 1568 年出資興建，1681 年原教堂倒塌，隔年進行重建。只是，工程展開 40 年後，負責該項目的葡國知名巴洛克風格建築師 João Antunes 去世，不巧時任國王的約翰五世（João V）傾全力建造豪華宏偉的馬夫拉宮（Palácio Nacional de Mafra），導致聖恩格拉西婭教堂陷入停滯。

至 1966 年圓頂竣工、宣告落成前，這項「聖恩格拉西婭工程」（Obras de Santa Engrácia）斷斷續續拖延近 300 年，一度成為葡萄牙人口中爛尾樓的代名詞。

否極泰來的是，教堂揭幕的同年即被賦予安葬葡萄牙傑出人士的重任，不僅多位總統、足球員、歌手（包括法朵女王 Amália Rodrigues）、作家與政治家長眠於此，亦為探險家恩里克王子（Infante D. Henrique，葡萄牙航海事業的開創者）、達伽馬（Vasco da Gama，史上首位由歐洲航海至印度的人）、卡布拉爾（Pedro Álvares Cabral，普遍認為最早到達巴西的歐洲人）等設立紀念碑。由遲遲無法完工的爛尾樓搖身一變，成為緬懷偉人、地位神聖的國家先賢祠。

INFO

國家先賢祠

🏠 Campo de Santa Clara
📞 +351 21 885 4820
🕐 4 月至 9 月 10:00 ～ 18:00；10 月至隔年 3 月 10:00 ～ 17:00（周一休）
💲 € 4
🚇 Santa Apolónia 地鐵站西北 300 公尺

景 里斯本跳蚤市場 Feira da Ladra

尋找有緣物

身為世界上數一數二的古老貿易城市，里斯本的跳蚤市場歷史可追溯自 13 世紀，之後幾度更換地點，20 世紀初遷至舊城區內的聖克拉拉廣場（Campo de Santa Clara）至今。每逢周二、周六，人們就會將家中閒置的舊衣物、家具、古玩、電器、玩偶、

CD、瓷器甚至旁人眼中如破銅爛鐵的各種玩意兒拿到市集待價而沽。有趣的是，這群業餘老闆們多抱持著「願者上鉤」的隨興態度，不熱中推銷亦無削價競爭（多數是不二價），相較於賣掉商品，他們更喜歡悠哉看書曬太陽與分享故事。除了二手貨，也有年輕藝術家販售天馬行空的手作創意商品，為市集增添趣味感與豐富性。

　　跳蚤市場的擺攤範圍相當廣（蔓延至城外聖文生教堂後門及國家先賢祠周邊），一些具葡萄牙特色的紀念小物都屬極易下手的銅板價，逛上幾小時不成問題。需當心的是，市集內人流複雜，眼花撩亂之餘也請留意個人財產安全。

INFO ....

里斯本跳蚤市場
- Campo de Santa Clara
- +351 21 817 0800
- 周二、周六 09:00 ～ 18:00
- Santa Apolónia 地鐵站西北 500 公尺、28E 至 S. Vicente 站即達

軍事博物館 Museu Militar

船堅砲利全紀錄

　　成立於 1926 年的軍事博物館，本是隸屬陸軍的鑄砲廠，現為葡萄牙境內最具規模的軍隊主題展館。博物館內收藏並展示各式武器裝備、各軍種制服與歷史軍事文件等史料文物，也包括探險家達伽馬至印度的航海圖與第一次世界大戰的相關紀錄，以及武器由火石、長矛、步槍進化至大砲的演進史。

INFO ········

軍事博物館
🏠 Largo Museu da Artilharia
📞 +351 21 884 2300
🕐 10:00～17:00（周一休）
💲 € 2.5
🚇 Santa Apolónia 地鐵站西南 150 公尺

 城外聖文生教堂 Igreja de São Vicente de Fora

王室的終點

　　城外聖文生教堂也被稱作修道院（Mosteiro de São Vicente de Fora），歷史可回溯自 12 世紀中，由葡萄牙開國君主阿方索一世（Afonso I）主導建造，供天主教奧斯定會使用。當時修院位於城牆外（即名稱中的「de Fora」），屬於羅馬式風格，

堂內供奉里斯本的主保聖人——聖文森（Vicente de Saragoça）。

1582 年，繼承葡萄牙王位的西班牙國王腓力二世（Felipe II de España，葡國稱腓力一世）下令重修，由出身義大利的建築師 Filippo Terzi 和葡萄牙建築師 Baltazar Álvares 設計，教堂主體於 1629 年落成（其他部分至 18 世紀才完工），為里斯本市內矯飾主義建築的最佳範例。教堂內不僅可見巴洛克式風格的祭壇、宏偉精美的磁磚畫、收藏聖物的藝術博物館，亦包含葬有葡萄牙布拉干薩王朝歷代君主及成員的皇家先賢祠（Panteão da Dinastia de Bragança），一同遇刺身亡的末代皇室父子——國王卡洛斯一世（Carlos I，1863 ～ 1908）、王儲路易·菲利普（D. Luis Filipe，1887 ～ 1908）與王儲路易胞弟、葡國最後一位國王曼努埃爾二世（Manuel II，1889 ～ 1932）皆長眠於此。

INFO

城外聖文生教堂

🏠 Largo de São Vicente

📞 +351 21 882 4400

🕐 10:00 ～ 18:00（周一休）

💲 € 5

🚇 Santa Apolónia 地鐵站西北 700 公尺、28E 至 S. Vicente 站即達

聖斯德望堂 Igreja de Santo Estêvão

「座」向與眾不同

教堂最早建於 12 世紀，當時爲羅馬式風格，後於 1733 年重建，由葡萄牙建築師 Manuel da Costa Negreiros 設計，不僅改採巴洛克式風格，更將走向改爲非正統的「南北向」（一般而言，教堂的入口立面都會向西、堂內的祭壇則朝東）。聖

INFO

聖斯德望堂
🏠 Largo de Santo Estêvão
📞 +351 21 886 6559
🕐 周日 11:00 彌撒（平日不對外開放）
🚇 Santa Apolónia 地鐵站西南 500 公尺

斯德望堂在 1755 年的里斯本大地震受到嚴重損壞，原本的雙塔樓只有一座倖存，至 1773 年才重新對信徒開放，細部的修復工作亦持續進行到 19 世紀中。

聖斯德望堂的內部裝飾十分豐富，主祭壇鎏金美輪美奐、富貴奢華之餘，亦可見 18 世紀著名大理石雕塑家 José de Almeida 爲其創作的聖像雕塑群，構圖平衡完美、手法精緻細膩。然而，因教堂平日並未對外開放，多數時間大門緊閉，欲入內參觀者，請於周日上午 11：00 彌撒時間造訪。欣賞聖斯德望堂的同時，一旁也有個視野極佳的露台，是俯瞰舊城區與太加斯河的最佳觀景點。

景 法朵博物館 Museu do Fado

Fado 饗宴

開幕於 1998 年的法朵博物館，顧名思義是以葡萄牙怨曲 Fado 為主題的專門機構，透過結合視聽的多媒體渠道，生動介紹法朵的發展歷程。博物館內蒐羅大量源於里斯本的法朵歌曲、樂器、樂譜與 Amália Rodrigues、Carlos Augusto da Silva Ramos、Maria Teresa de Noronha 等眾位歌唱藝術家的演唱和介紹，並展示葡萄牙著名畫家 José Malhoa 繪製的油畫「O Fado」（1910）及漫畫家 Rafael Bordalo Pinheiro 創作的法朵相關插畫與小品。

有趣的是，博物館所在古老建築的前身是一座公共澡堂，格局仍保有中世紀時期的蜿蜒風貌，搭配法朵時而婉轉哀傷時而激情悲愴的旋律，更突顯舊城區深厚的文化魅力。

INFO

法朵博物館

🏠 Largo Chafariz de Dentro 1
🕐 10:00 ～ 18:00（周一休）
⭐ 持里斯本卡折扣 30%
🚇 Santa Apolónia 地鐵站
　　西南 450 公尺
🌐 museudofado.pt

📞 +351 21 882 3470
💲 € 5

景 太陽門觀景台 Miradouro das Portas do Sol

飽覽全城無死角

太陽門廣場的名稱源於摩爾人統治時期建造的太陽門，惜原本建築已毀於1755年的大地震。廣場上有座同名的觀景台，可由此眺望里斯本市區東部與太加斯河的壯麗景色，以及舊城區內狹窄曲折、高低起伏的典型街道。

INFO ···

太陽門觀景台
🏠 Largo das Portas do Sol
📞 +351 91 522 5592
🕐 全日   💲 免費
🚇 Santa Apolónia 地鐵站西南800公尺、28E至 Largo das Portas do Sol 站即達

 景 裝飾藝術博物館 Museu de Artes Decorativas

不如眾樂樂

裝飾藝術博物館隸屬於里卡多・聖埃斯皮里圖・席爾瓦基金會（Fundação Ricardo do Espírito Santo Silva，簡稱FRESS），所在位置為1947年收購的Palácio Azurara，經建築師Raul Lino da Silva修復，才得重現原本18世紀貴族宅邸的面貌。

　　博物館正式成立於1953年，目的在展出基金會創始者席爾瓦（Ricardo Ribeiro do Espírito Santo Silva，1900～1955）的豐富珍藏，這位葡萄牙知名的銀行家、運動員（擅長網球、高爾夫球與擊劍）、經濟學者同時也是充滿熱情的藝術收藏家，藏品類型涵蓋繪畫（18世紀葡萄牙本地與國際畫家的創作）、家具（16～19世紀家具）、中國瓷器、陶器、木藝（鑲嵌或雕刻的木製品）、金屬加工、珠寶、壁毯、東方織品、書籍、巴洛克及新古典主義磁磚畫等。

　　各展覽廳按照時代與特色分門別類，復刻包括：主廳、宴會廳、餐廳、音樂室、女孩房等室內空間，重現葡萄牙上層階級的生活美感。

INFO

裝飾藝術博物館

🏠 Largo Portas do Sol 2

📞 +351 21 881 4600（平日）、+351 21 888 1991（假日）

🕐 10:00 ～ 17:00（周二休）

💲 € 4

⭐ 持里斯本卡折扣 20%

📍 Santa Apolónia 地鐵站西南 850 公尺、28E 至 Largo das Portas do Sol 站即達

🌐 fress.pt

景 聖喬治城堡 Castelo de São Jorge

城市之巔

　　作為里斯本最醒目的歷史古蹟與觀光景點，地處山頂的聖喬治城堡最初目的其實是防禦外敵入侵。根據學者考證，早在西元前 2 世紀已有部落在此建立第一座堡壘，腓尼基、古希臘、迦太基和古羅馬、西哥德、摩爾人都曾陸續占領，直至 1147 年阿方索一世才在第二次十字軍東征（1145 ～ 1149）的協助下，從摩爾人手中奪取城堡與里斯本城，這裡就此成為葡萄牙王國的一部分。

　　時至今日，葡萄牙仍流傳一個與這場戰爭有關的傳說：攻城時，騎士馬蒂姆‧莫尼斯（Martim Moniz）偶然發現城堡有道門敞開，趕緊跳進門縫，用身體阻止摩爾士兵關門，戰鬥過程中，他雖然犧牲生命，卻使同袍得以攻克城池。此後，莫尼斯被封為光榮的基督教烈士，鄰近城堡的 Martim Moniz 地鐵站便是以他命名，站內亦可見有趣的騎士主題裝飾藝術。

　　1255 年，葡萄牙王國將首都遷至里斯本，城堡成為皇宮，百年間幾次進行修護與延伸，14 世紀時已是擁有 77 座塔樓、周長 5.4 公里的堅固堡壘，數度抵禦來自

卡斯提爾王國的攻擊。未幾,迎娶英國公主菲莉帕(Filipa de Lencastre,即蘭卡斯特皇后)的國王約翰一世(João I)將城堡獻給聖喬治(著名基督教殉道聖人、英格蘭的守護聖者、常以屠龍英雄形象出現在西方藝術),這便是城堡名稱的由來。

聖喬治城堡的重要性在 16 世紀初逐漸下滑,先是國王曼努埃爾一世在太加斯河畔興建里貝拉宮(Paço da Ribeira,其徹底毀於 1755 年里斯本大地震,現改建爲商業廣場),後又於 1531 年因地震受損,1580 年改作兵營與監獄,17 世紀中一度恢復爲皇家居

所,卻再度因里斯本大地震襲擊而嚴重毀壞。爲了處理震後的失怙問題,1780 年慈善機構皮婭之家(Casa Pia)在此成立,將聖喬治城堡作爲照顧孤兒棄兒的弱勢孩童收容所。

1807 年拿破崙軍隊入侵、里斯本陷入動亂,皮婭之家被迫遷離,城堡也隨之遭到忽視。1940 年代,官方對聖喬治城堡進行大規模的修復,拆除與城堡年代不相稱的搭建物,從此成爲旅遊勝地與鳥瞰全市風光的制高點。

INFO

聖喬治城堡

🏠 Rua de Santa Cruz do Castelo
📞 +351 21 880 0620
🕐 3 月 至 10 月 09:00 ～ 21:00;11 月 至 隔 年 2 月 09:00 ～ 18:00(最晚入堡時間為關閉前 30 分)
💲 € 8.5
🚇 Martim Moniz 地鐵站 東南 900 公尺
🌐 castelodesaojorge.pt

里斯本主教座堂 Sé de Lisboa

見證歷史流轉

1147 年興建的主教座堂，為里斯本最古老的天主教堂，經歷多次地震天災、戰爭人禍與數次改建，形成融合羅馬、哥德與巴洛克式的混搭風格。回顧主教座堂的建堂史，原址本是一座清真寺，於開國君主阿方索一世率兵驅逐信仰伊斯蘭教的摩爾人後改建為教堂，百年間再陸續增建哥德式迴廊、皇家先賢祠、仁慈堂（扶助病弱的天主教慈善組織）等。遺憾的是，這些建築大都未能在 1755 年大地震與繼之而來的火災逃過一劫，主教座堂本身也受到重創，至 20 世紀初才重建成今日面貌。近年，鑑於主教座堂深厚的歷史背景，考古挖掘工作持續在教堂及其周圍進行，羅馬、摩爾人等中世紀的文物相繼出土。

主教座堂目前分為 3 部分開放，教堂本身免費，修道院（Claustro）與珍寶館（Tesouro）則需購票參觀，三者開放時間略有不同，造訪時請留意。攝影方面，葡萄牙絕大多數的教堂都允許拍照，但禁止使用閃光燈，一些珍藏品如不能攝影也會在明顯處標示，若有疑慮也可詢問館方人員。

INFO

里斯本主教座堂

🏠 Largo da Sé　　📞 +351 21 886 6752

🕐 教堂 09:00 ～ 19:00（周一、周日提早至 17:00）；修道院 5 月至 9 月周二至周日 10:00 ～ 18:30（周一 10:00 ～ 17:00）、10 月至隔年 4 月 10:00 ～ 17:00；珍寶館 10:00 ～ 17:00（周日休）

💲 教堂免費、修道院 € 2.5、珍寶館 € 2.5、修道院＋珍寶館聯票 € 4

🚇 Terreiro do Paço 地鐵站以北 450 公尺、28E 至 Sé 站即達

🌐 patriarcado-lisboa.pt

景

聖安東尼堂 Igreja de Santo António

聖人聖地

聖安東尼（Santo António，1195 ～ 1231）是位濟貧救苦且常顯靈蹟的聖人，祂的形象是手抱聖嬰耶穌（有時另一手會持象徵貞潔聖德的百合花），爲葡萄牙、航海、窮人與尋找失物者的主保（守護者），天主教徒若有物品遺失也會呼求協助（後再延伸至尋找另一半、成爲教徒心中的月老），世界各地都有以聖安東尼爲主奉的教堂，位於里斯本的聖安東尼堂據說就是祂的誕生處。

教堂原本規模不大，後毀於里斯本大地震，1767 年由建築師 Mateus de Oliveira 規劃重建，整體屬巴洛克和洛可可風格。1755 年起，每年 6 月 13 日聖安東尼節教堂都會於前一日深夜舉行規模盛大的巡遊，信徒跟隨聖安東尼聖像由本堂出發，行經里斯本主教座堂與阿爾法瑪舊城區的街道，最終再回到聖安東尼堂。

INFO ....

聖安東尼堂

🏠 Largo de Santo António da Sé

📞 +351 21 886 9145

🕐 周二至周五 08:00 ～ 19:00；周六至周日 08:00 ～ 19:45（周一休）

💲 免費

🚇 Terreiro do Paço 地鐵站以北 450 公尺、28E 至 Sé 站即達

....

尖石宮 Casa dos Bicos

刺蝟表象文學魂

　　尖石宮以密集的石材金字塔立面聞名，建於 1523 年前後，由第二任葡屬印度總督阿方索（Afonso de Albuquerque）之子布拉斯（Brás）出資，據傳他是在義大利看到某座文藝復興時期的建築後，萌生在牆面覆蓋鑽石切割面裝飾的靈感。除了震撼視覺的奇特造型，尖石宮還融合源於葡萄牙的曼努埃爾式風格，此點尤其反映在窗戶扭轉造型的圓柱上。尖石宮是舊城區少數經歷里斯本大地震仍倖存的建築，

現爲葡萄牙作家喬賽‧薩拉馬戈（José Saramago，1922～2010）的同名基金會所有，其內設有以薩拉馬戈文學作品爲主題的常設展，其中也包括他於 1998 年獲得諾貝爾文學獎的寓言小說《盲目》。

INFO

尖石宮
- Rua dos Bacalhoeiros
- +351 21 880 2040
- 10:00 ～ 18:00（周一、周日休）
- € 3
- Terreiro do Paço 地鐵站以北 250 公尺

來到阿爾法瑪，自不能錯過「料理＋美酒＋法朵」的正宗老里斯本生活，探訪越夜越美麗的舊城區，從口腹之慾到精神領域都得到極大滿足。光顧法朵酒吧之餘，藏身舊民宅的特色咖啡館同樣深具看點，坐在老山城的個性小店內飲比卡（Bica）配蛋塔（Nata），確是他處無法複製的阿爾法瑪限定體驗。

粗鹽酒館 Taberna Sal Grosso

里斯本家鄉味

座落於里斯本阿爾法瑪住宅區內的粗鹽酒館，供應具傳統風味的葡萄牙菜，菜式不多但樣樣經典，以氣氛溫馨、價格實惠與料理道地廣受好評。酒館擅長處理各種肉類（豬頸肉、牛排）與海鮮（醃漬鱈魚、鮪魚），無論烤、燉、煎都恰到好處，27 個座位總是擠滿慕名而來或屢屢回訪的饕客，摩肩擦踵和排隊候位是每日必見的常態，若確定用餐時間，不妨先透過臉書預訂座位。

INFO

粗鹽酒館

🏠 Calcada do Forte 22 　　📞 +351 21 598 2212

🕐 周二至周六 12:30 ～ 15:00、20:00 ～ 23:00（周一僅午間營業）

💲 燉雞胗€ 6、煎鴨肝€ 6.5、烤雞€ 5、油封鱈魚排€ 7.5、冬瓜湯€ 3.5、炸甜薯片€ 3（人均：€ 10 ～ 15）

🚇 Santa Apolónia 地鐵站以西 100 公尺

👁 軍事博物館、國家先賢祠

📷 facebook.com/tabernaSalGrosso

法朵先生 Sr. Fado

整晚的法朵

　　阿爾法瑪舊城區內有不少可欣賞法朵現場演唱的餐館，讓人聆聽情感豐沛的法朵之餘，亦可品嚐道地的葡萄牙傳統料理，店家多於晚間 20：00 營業，從用餐到表演結束約需 3 小時。鄰近軍事博物館的法朵先生，是一間家庭經營的小餐館，店內有 9 張餐桌、約 25 個座位，略顯狹窄的空間雖然擁擠，卻能深刻體會葡萄牙人對法朵的濃厚熱情。無論對法朵的認識有多少，透過老闆口若懸河的介紹與精采絕倫的 Live Show，任誰都難以抗拒 Fado 的無國界魅力。

INFO

法朵先生

🏠 Rua dos Remédios 176　📞 +351 21 887 4298
🕐 20:00 ～ 00:00（周一、周二休）
💲 € 45 ／位（含開胃菜、3 道主菜、甜點與飲料）
🚇 Santa Apolónia 地鐵站以西 250 公尺
🏛 軍事博物館、聖斯德望堂、城外聖文生教堂
🌐 sr-fado.com

 ## 誘惑餐館 Restaurante Sedução

窗裡法朵·窗外電車

　　位於阿爾法瑪舊城區核心、28E 電車軌道旁的誘惑餐館，以每日 20：00 ～ 23：00Live Fado 為賣點，顧客只需付餐費就可免費欣賞 4 段、各長 10 ～ 15 分鐘的法朵演唱。一入座，侍者就會

生火腿拼盤小菜

送上生火腿拼盤小菜，並說明該道菜定價€ 11，若不需要可立即退掉。餐館位置極佳、人流暢旺，深夜離開也毋需擔心安全問題。

唯相較可圈可點的現場表演，料理則明顯有進步空間，這也是此間餐館的負評來源。如同其他法朵餐館，演唱者會在一段表演結束後逐桌介紹自己的 CD 作品，如喜歡她的表演不妨給予支持。

INFO

誘惑餐館
🏠 Rua Augusto Rosa 4
📞 +351 21 888 8144
🕐 12:00 ～ 23:30（20:00 ～ 23:00 法朵表演，周三休）
💲 法朵牛排€ 16、炸蝦燉飯€ 14.3（人均€ 15 ～ 30）
🚇 Terreiro do Paço 地鐵站以北 500 公尺、28E 至 Sé 站 100 公尺
🔍 里斯本主教座堂、聖安東尼堂

八月小餐館 Augusto Lisboa

斜坡間的小確幸

　　漫步在高低起伏的舊城區，一間可稍事休息、食物美味、價格實惠且裝潢有質感的小店實屬小憩良伴，而位於狹窄巷弄內的八月小餐館，便是滿足上述條件的充電站。

　　店內不僅有現煮咖啡、新鮮果汁、手工冰淇淋、葡式蛋塔等飲料和甜點，亦供應火腿香腸拼盤、煙燻鮭魚配麵包、起司生菜沙拉等輕食與醇濃湯品，無論午茶小憩或享用正餐都很適合。小餐館整體洋溢復古氛圍，柔和的室內光線搭配厚實的皮質沙發與木質桌椅家具，透露沉穩溫馨的風格，讓來客靜享優閒自在的歇腳時光。

INFO ....

八月小餐館
🏠 Rua Santa M.nha 26　　📞 +351 92 532 2389
🕐 10:00 ～ 19:00（周一、周日休）
💲 沙拉€ 6.5、乾酪火腿香腸拼盤€ 8、咖啡€ 1起、葡式蛋塔€ 1.5（人均：€ 10 ～ 15）
🚇 Martim Moniz 地鐵站東南 600 公尺、28E 至 S. Vicente 站 200 公尺
🔍 城外聖文生教堂、裝飾藝術博物館、太陽門觀景台

食 28 café

電車男女

電車 28E 是里斯本最受歡迎的熱門路線，山城起伏間經常可見它的黃色身影，由於行經路線熱門加上名聲響亮，車廂內幾乎時時呈現爆滿狀態，連有位子坐都難，遑論在裡頭悠閒喝咖啡。看似遙不可及的幻想，卻在電車主題的 28 café 得以輕鬆實現。

這間鄰近聖喬治城堡的咖啡館，整體以銘黃色爲主軸，裝潢從裡到外處處洋溢「電車感」，兩側窗戶展示各時期的里斯本街頭風光，身處其中彷彿穿越時光隧道。

可貴的是，28 café 不只有看頭，食物也很具水準，餐點現點現製、分量充足，無怪深獲網友好評。

INFO

28 café
🏠 Rua de Santa Cruz do Castelo 45
📞 +351 21 886 0119　　🕒 09:30 ～ 19:30
💲 Espresso € 0.95、Americano € 1.9、漢堡 € 7 起、葡式蛋塔 € 1.2
　（人均：€ 5 ～ 10）
🚇 Martim Moniz 地鐵站東南 1.1 公里、28E 至 Castelo 站 300 公尺
🔍 聖喬治城堡、裝飾藝術博物館、太陽門觀景台

龐巴爾下城 Baixa、
希亞多 Chiado、上城 Bairro Alto

位居城市核心地帶的龐巴爾下城、希亞多與上城，為商業活動最密集的區域，觀光景點、餐廳酒吧、咖啡館、連鎖品牌、個性店鋪、藝術畫廊林立，洋溢最富里斯本氣息的都會風光。整體而言，與阿爾法瑪舊城區接壤的下城與希亞多位居地勢較低、靠近太加斯河的南面，上城則處在地勢較高的北面。

1755 年里斯本大地震後，幾乎被夷為平地的下城在龐巴爾侯爵（Marquês de Pombal）雷厲風行的領導下迅速復甦，從棋盤式的道路設計到樓房興建都需遵守嚴格的規範，包括：興建下水道、防止火災蔓延的火牆、有效撲滅火勢的大廳水井等，他更透過實驗（讓軍隊在房屋模型旁原地踏步，測試最能抵抗地面震動的結構）設計出人類史上第一批抗震建築：以對稱木格框架分散震幅的「龐巴爾籠子」，堪稱歐洲城市規劃的先驅典範。

位居下城西側的希亞多，為混和舊時氛圍與摩登前衛的商業及文化區，商家主要集中在卡爾莫街（Rua do Carmo）和加雷特街（Rua Garrett）一帶，其中最著名的正是立有詩人費爾南多・佩索亞銅像的巴西人咖啡館。來到希亞多，購書購衣、欣賞藝品、流連博物館與劇院、喝杯誘發詩性的好咖啡，悠閒享受兼顧物質與心靈的豐沛旅程。

至於保留古老街區風情、狹窄鵝卵石街道的上城，儘管一度有治安欠佳的問題，但近年已在警方的整頓下大幅改善，如今白天街上多是百年老屋內、外出購物的長輩，夜間則搖身一變成為年輕族群次文化、地下樂團與塗鴉、夜店的根據地。

龐巴爾下城、希亞多、上城觀光指南圖

修道院升降機

22

26

21

25

榮耀升降機

23

Restauradores 站 17

24

18

20 16

Restauradores 站

羅西歐火車站 19 15

27 28

14

Rossio 站 13

聖喬治城堡

29

12 聖胡斯塔升降機

← 往貝倫區方向

30 31 11

往阿爾法瑪舊城區方向 →

32

Baixa-Chiado 站 9

10

比卡升降機 4

2

1

33 8 5

34 7 3 6

Terreiro do Paço 站

🚶 🚊 Cais do Sodré 站

🚢 Cais do Sodré 碼頭

1 景 聖母無玷始胎舊堂	13 食 國家糕餅坊	25 景 王儲花園
2 景 里斯本罐頭專賣店	14 景 無花果樹廣場	26 食 弗記烤肉
3 景 商業廣場	15 食 豬扒包之家	27 景 聖洛克堂
4 食 Café Martinho da Arcada	16 景 聖多明我堂	28 景 聖洛克天主教藝術博物館
5 [i] Lisboa Story Centre	17 食 太陽 31 餐廳	29 食 BA 葡萄酒吧
6 食 Can the Can	18 景 瑪麗亞二世國家劇院	30 食 曼蒂蛋塔
7 食 ViniPortugal	19 景 羅西歐廣場	31 食 巴西人咖啡館
8 [i] 旅客服務處	20 食 貝拉車站咖啡館	32 食 貝爾坎圖餐廳
9 景 奧古斯塔商業街	21 食 硬石餐廳	33 景 粉紅街區
10 景 里斯本時尚與設計博物館	22 景 自由大道	34 景 里斯本河濱市場 + Time Out Market
11 食 希亞多餐館	23 [i] Foz 宮旅客服務處	
12 食 卡爾莫考古博物館	24 景 阿爾坎塔拉聖伯多祿花園	

聖母無玷始胎舊堂 Igreja da Conceição Velha

立面之美

教堂的前身為建於 1534 年的「我們的里斯本仁慈聖母堂」（Igreja de Nossa Senhora da Misericórdia de Lisboa），因里斯本大地震遭受嚴重損壞，今日建築體為災後重建。

教堂的立面與兩側房屋連成一氣，雕刻十分精美，其藝術特徵是在曼努埃爾式的基礎上，融合晚期哥德式與文藝復興時期的多層次美感，與貝倫塔、熱羅尼莫斯修道院同為里斯本市內最具代表性的曼努埃爾式古蹟。

教堂名稱中的「聖母無玷始胎」，是源於天主教的教義——聖母無染原罪（葡文 Imaculada Conceição），即相信耶穌的母親瑪利亞在其靈魂注入童貞肉身時，便是蒙受天主特恩的「滿被聖寵者」，使祂免於情慾原罪的玷染。

INFO ⋯⋯⋯⋯⋯⋯⋯⋯⋯⋯⋯⋯⋯

聖母無玷始胎舊堂
🏠 Rua da Alfândega 108
📞 +351 21 887 0202
🕐 10:00～17:00
💲 免費
🚇 Terreiro do Paço 地鐵站以北 250 公尺、28E 至 Sé 站 350 公尺

里斯本罐頭專賣店 Conserveira de Lisboa

吾魚一以「罐」之

儘管葡萄牙臨海且漁獲豐富，但當地人的最愛並非活跳跳的新鮮現撈海魚，而是口味多元、料理便利、容易儲存、價格低廉的罐頭海鮮。鑑於「葡萄牙人愛吃魚罐頭」的名聲響亮，1930 年開業、地處城市中心的罐頭專賣店，一躍成為觀光客趨之若鶩的朝聖景點。

INFO

里斯本罐頭專賣店

- Rua dos Bacalhoeiros 34
- +351 21 886 4009
- 09:00 ～ 19:00（周日休）
- 沙丁魚罐頭 € 2.36 起、初榨橄欖油 € 2.69 起
- Terreiro do Paço 地鐵站以北 350 公尺、Baixa-Chiado 地鐵站東南 550 公尺、28E 至 Sé 站 250 公尺
- conserveiradelisboa.pt

可貴的是，在機械化自動生產與塑膠袋裝已成常態的今日，店內仍採取手工貼標、牛皮紙綑紮，以及傳統客製化的服務精神（詢問顧客出身何處、口味偏好，再推薦適合的產品），即使人潮絡繹依舊堅持每項步驟。專賣店囊括 Tricana、Minor、Prata do Mar 等葡萄牙 3 大罐頭品牌的使用權，其中以賣魚女商標的 Tricana 種類最豐，涵蓋沙丁魚、鮪魚、鱈魚、鯖魚、鰻魚、墨魚、鮭魚、魚卵，

而分別以貓頭和帆船為識別標誌的 Minor 與 Prata do Mar，則以小型魚類、魚醬和熟食為主。

調味方面，除了有純粹的橄欖油漬風味，亦可見番茄、咖哩、檸檬、大蒜、醋與洋蔥等多元選擇，滿足不同喜好的味蕾。罐頭的外包裝復古懷舊，包裝紙有彩色與灰色兩款，後者代表食材經過煙燻處理，不只有普通款，也有與藝術家合作的限定收藏版。

商業廣場 Praça do Comércio

歷史現場＋遊客必訪

毗鄰太加斯河的商業廣場，又名宮殿廣場（Terreiro do Paço），面積三萬六千平方公尺（180×200公尺），命名是向為里斯本提供震後重建資金的資本家致敬。廣場原為16世紀興建的里貝拉宮，18世紀中，宮殿毀於里斯本大地震，災後在龐巴爾侯爵的主導下，將其徹底改建為龐巴爾下城的一部分，新樓由建築師 Eugénio dos Santos 設計重建，屬新古典風格、U 型格局的大器建築，其樓色曾在1910年、推翻帝制革命時被漆為粉紅，爾後又改回銘黃。

目前建築物部分為政府部門、部分做文化及商

INFO

商業廣場

🏠 Praça do Comércio
🕐 全天
🚇 Terreiro do Paço 地鐵站西北250公尺、28E 至 Praça Comércio 站即達

城市之門

連結奧古斯塔商業街的凱旋門

廣場西側設有旅遊服務處

業用途，也有數間值得尋訪的趣味店鋪，例如：生產彩色衛生紙的 Renova 品牌形象洗手間「The Sexiest WC on Earth」、文豪摯愛的咖啡廳「Café Martinho da Arcada」、講述城市歷史兼旅客服務處的「Lisboa Story Centre」（Praça do Comércio 78，10：00～20：00）、將罐頭變身餐桌料理的「Can the Can」、遍嘗十餘款葡萄酒的品酒室「ViniPortugal」以及各式潮流服飾、高檔餐廳、夜總會、旅客服務處（Rua do Arsenal 15，09：00～20：00）等，豐富多元。

商業廣場北側是連接奧古斯塔商業街的凱旋門（Arco da Rua Augusta），拱門高 11 公尺，始建於 1759 年、1873 年完工，用以慶祝城市在大地震後的重生，最高處的羅馬式雕像由法籍雕塑家 Célestin Anatole Calmels 打造，描述榮耀女神 Glory 分別為女傑 Valor（美德）與英雄 Genius（天才）加冕，而祂腳下的拉丁文則是表達對先輩的敬重懷念與太加斯河的感恩之情，再往下是葡萄牙國徽，兩側為龐巴爾侯爵（右）、達伽馬（左）等對葡萄牙影響深遠的重要人物，斜臥的人物則分別象徵太加斯河與杜羅河，可搭乘付費電梯€ 2.5 至塔頂參觀。

廣場中央立著地震當時國王──若澤一世騎馬雕像（Estátua equestre de D. José I），作品出自 18 世紀最富影響力的葡萄牙雕塑家 Joaquim Machado de Castro。南側至河濱碼頭的兩支石柱（Cais das Colunas）是震前的城市之門，為當時皇室歸返或賓客來訪的登岸處，如今則成為民眾散步曬太陽的平台。作為里斯本的重心，百年來，商業廣場見證許多影響葡國發展的重要集會和歷史事件，最轟動的莫過 1908 年的國王卡

若澤一世騎馬雕像

洛斯一世、王儲路易‧菲利普與後來繼任的王儲胞弟曼努埃爾二世在此遭到暗殺，國王與王儲先後身亡，繼位者也僅延續王權 2 年就告退位。

Can the Can

葡國人嗜吃罐頭聞名，Can the Can 便是這項飲食文化的精緻升級版，主廚將罐頭融入食材，變化出漢堡、義大利麵、葡式料理、甜點等各式地中海美食。餐廳從擺盤到室內裝潢都以罐頭為主軸，造型獨特的罐頭吊燈與整面的罐頭牆格外搶眼。

INFO ....

🏠 Praça do Comércio 82/83（面向
　 太加斯河的左側）

📞 +351 91 400 7100

🕐 09:00 ～ 00:00（周五晚間 21:30
　 有法朵表演）

💲 主菜€ 15 上下（人均：€ 15 ～ 25）

🌐 canthecanlisboa.com

INFO ....

🏠 Praça do Comércio（Can
　 the Can 旁）

📞 +351 24 983
　 0200

💲 € 1

🌐 myrenova.com

The Sexiest WC on Earth

牆上掛滿各色衛生紙的 The Sexiest WC on Earth，是一間由葡萄牙衛生紙品牌 Renova 開設的概念洗手間，不僅將洗手台等設備改造成具裝飾藝術風格的花俏模樣，更展示各種性感撩人的廣告海報，繽紛肉感的程度可稱是衛生紙界的「A & F」。

Café Martinho da Arcada

開業於 1782 年的古老咖啡館，穿著白衣黑褲的叔伯級服務生親切周到，店內裝潢飽含舊時氛圍，餐點也是道地的葡國海鮮料理。除了主餐，不妨試試這間餐館十分出名的經典甜品：上層口感似棉花糖、下層爲口感綿密的蘋果酥皮（merengue maçã）。

基於地利之便，咖啡館成爲王族、政治家、軍人、藝術家與作家非正式會面的隱密空間，葡萄牙最具代表性的詩人費爾南多．佩索亞（Fernando Pessoa，1888 ～ 1935）也經常光顧，據傳他晚年的自傳體小說《惶然錄》（O Livro do Desassossego）便是在此寫成。鑑於上述豐厚的歷史背景與維護傳統的用心，Martinho da Arcada 於 1999 年獲得「歐洲咖啡館指南」（Guia dos Cafés da Europa）年度最佳殊榮。

INFO

🏠 Praça do Comércio 3
📞 +351 21 887 9259
🕐 12:00 ～ 15:00、19:00 ～ 22:00
💲 拿鐵€ 2、前菜 9.5、主菜€ 15 起（人均：€ 10 ～ 30）
🌐 martinhodaarcada.pt

ViniPortugal

ViniPortugal 是成立於 1997 年的私人非營利組織，透過廣泛的選拔與管理，推廣葡萄牙本地的葡萄酒品牌。這間位於商業廣場西翼的品酒室，空間寬敞舒適，其內設置兩台自助斟酒機，遊客只需花費€ 3 購買儲值卡，依循機器上的步驟指示操作，就能以少少費用試飲數杯 15ml 的紅、白佳釀（每杯最低價€ 0.5、最多可嘗 6 杯）。

INFO

🏠 Praça do Comércio（面向太加斯河右側、Can the Can 對面）
📞 +351 21 342 0690
🕐 11:00 ～ 19:00（周日休）
💲 儲值卡€ 3
🌐 viniportugal.pt

奧古斯塔商業街 Rua Augusta

里斯本「一街」

　　長550公尺的奧古斯塔街，位處市區的中軸線，南起凱旋門與商業廣場、北至羅西歐廣場，街道兩側有多個賣場、大型國際品牌、紀念品及手工藝品商店、餐館與街頭表演等，為里斯本最知名的步行商業街（1984年起禁止車輛通行）。與整個龐巴爾下城相同，奧古斯塔商業街的歷史源於里斯本大地震後的重建工程，整體規劃井井有條，世界上第一批的抗震建築亦座落於此。

INFO

奧古斯塔商業街

🏠 Rua Augusta

🚇 Terreiro do Paço 地鐵站以北、Baixa-Chiado 地鐵站以東、Rossio 地鐵站以南、28E 至 Praça Comércio 站往南

 里斯本時尚與設計博物館 MUDE

藝術零距離

　　2009年成立的時尚與設計博物館，落腳於龐巴爾下城的舊銀行建築內，以蒐羅國際時尚與設計相關服飾、配件為主題。館內按年代陳列1930年代至今的藝術創作，種類涵蓋時尚潮服、前衛家具與珠寶設計、空間營造等，並籌辦各類富有開創及啟發性的特展，例如：回顧已關閉博物館短暫歷史的「無盡的博物館」專輯、法醫的紋身收集與司法鑑定等。

　　從平面到立體、從普羅到精緻、從新舊交融到跨界合作，館方藉由開放的平台分享靈感與創意，提供多元的視角並開啟新的思考方向。值得一提的是，博物館收藏

多位國際級大師的時尚作品，如：法國時裝設計師皮埃爾·巴爾曼（Pierre Balmain）、克里斯托巴爾·巴倫西亞加（Christobal Balenciaga）與西班牙時尚設計師帕科·拉巴納（Paco Rabanne）等，由於這些高級服裝都爲手工精製，欣賞獨特設計剪裁的同時，亦讚嘆於優秀裁縫師的細膩工法。

INFO

里斯本時尚與設計博物館
🏠 Rua Augusta 24
📞 +351 21 817 1892
🕐 10:00～18:00（周一休）
💲 免費
🚇 Baixa-Chiado 地鐵站東南 350 公尺、28E 至 Praça Comércio 站即達
🌐 mude.pt

 景 粉紅街區

成人藝術饗宴

　　距離海港不遠的粉紅街區（正式名稱爲「Rua Nova do Carvalho」，因道路漆成粉紅色而得名），過去曾是水手和特種行業聚集的地區，現在則成爲里斯本最著名的夜生活熱點，紐約時報更於 2015 年將其選入「歐洲城市裡最喜愛的 12 條街道」（另有米蘭 Ripa di Porta Ticinese、柏林 Rüdesheimer Strasse、倫敦 Pimlico Road 等）。粉紅街區範圍雖不大，卻有幾間富有特色的餐館，其中「情慾酒吧」就是一間將情色藝術融入空間設計的主題夜店，呼應這裡曾作爲妓院的歷史過往。店內處處是大膽露骨、有趣滑稽甚至神祕詭異的裝飾、壁畫和情色文學書，濃重的色彩與野性的豹紋相互襯托，置身其中彷彿進入天馬行空的異世界。情慾酒吧顧名思義供應各種酒精類飲品，訂價日低夜高，夜間另有現場樂團和鋼管舞表演。

INFO

情慾酒吧
🏠 Rua do Alecrim 19
📞 +351 21 314 3399
🕐 周四至周六 12:00～04:00、周日至周三 12:00～03:00
💲 雞尾酒（日）€ 6 起（夜）€ 7.5 起（人均：€ 20～30）
🚇 Cais do Sodré 地鐵站東北 250 公尺、28E 至 Rua Vítor Cordon 站以南 350 公尺
🏠 里斯本河濱市場 +Time Out Market
🌐 pensaoamor.pt

里斯本河濱市場 Mercado da Ribeira+Time Out Market

海味・鮮味・庶民味

河濱市場建於 1882 年，為里斯本最具規模的菜市場，各種販售海鮮、肉類、蔬菜、水果的商販聚集於此，想一窺在地的飲食文化？來這兒準沒錯。

與臺灣的菜市場相同，早晨是生鮮蔬果的營業時

間，市場內清爽明亮、人聲鼎沸，魚販攤位常見葡國人最愛的馬介休與活章魚。除了鮮食，也有麵包、蛋糕、雜貨、花卉植物、園藝用品、禮盒包裝等商鋪，種類繽紛多元。每逢周六，中央走道會另闢手工藝市集（Sábados da Ribeira），有二手書籍、舊貨收藏與藝術家、工匠的原創作品；周日早晨至午後，則有以郵票、錢幣、明信片等小物為主軸的古玩市集（Mercado das Coleções）。

`INFO` ••••••••••••••••••••••

里斯本河濱市場
🏠 Av. 24 de Julho 49
📞 +351 21 346 2966
🕐 生鮮部周二至周六 06:00 ～ 14:00；花店周二至周六 06:00 ～ 20:00、周日 10:00 ～ 20:00；周六手工藝市集 11 月至隔年 3 月 10:00 ～ 18:00、4 至 10 月 10:00 ～ 19:00；周日文創市集 09:00 ～ 13:00
🚇 Cais do Sodré 地鐵站西北 200 公尺

2014 年，號稱「世界最偉大美食空間」的 Time Out Market 於河濱市場開幕，這座由倫敦知名雜誌《Time Out》經營的美食大排檔，其內有 24 間餐廳、8 間酒吧與 1 間劇院，葡萄牙在地美味與多國特色料理全部一網打盡，推薦名店包括：

Henrique Sá Pessoa（葡萄牙明星廚師 Henrique Sá Pessoa 開設，可在此品嘗他設計的輕食料理）、Café de São Bento（里斯本最好吃牛排）、Santini（里斯本最棒冰淇淋）、Garrafeira

INFO

Time Out Market

🏠 Av. 24 de Julho 49
🕐 周日至周三 10:00 ～ 00:00；周四至周六 10:00 ～ 02:00
🌐 timeoutmarket.com

☎ +351 21 395 1274

Nacional（囊括全國頂級佳釀的 80 年酒窖）以及在此設分店的里斯本罐頭專賣店和曼蒂蛋塔。Time Out Market 屬中價位，一人 € 15 就可飽餐一頓，雖不若正統餐廳有獨立桌凳與寧靜氣氛，卻有如百貨地下街般的熱鬧與活力。

景 卡爾莫考古博物館 Museu Arqueológico do Carmo

廢墟新生

考古博物館的前身爲卡爾莫修道院（Convento da Ordem do Carmo），座落於希亞多區內、羅西歐廣場旁的山丘上，1389 年由約翰一世麾下的軍事奇才、葡萄牙步兵守護神——佩雷拉將軍（Nuno Álvares Pereira）創建，當時屬哥德式建築。遺憾的是，修道院在里斯本大地震時遭嚴重摧毀，後基於廢墟保有見證史實與保有中古世紀建築風情等原因，決定不再重建。19 世紀中，原址捐贈予葡萄牙考古學家協會，設置考古博物館，旨在保護國家珍貴資產。

博物館內收藏豐富、形式廣泛，包括石刻、陶瓷、石棺、埃及木乃伊等，其中年代最久遠的是發現於葡國中部加亞聖佩德羅（Vila Nova de São Pedro），可回溯至西元前 3500 ～ 2500 年銅石並用時代的考古文物（中國河南二里頭文化即屬此階段）。19 世紀時，考古協會會長 Conde de São Januário 捐贈前哥倫布時期（即美洲未受到歐洲文化影響前）的陶器與兩尊木乃伊，後者是葡萄牙唯一、也是歐洲罕見的木乃伊館藏。

博物館內另一大看點，是斐迪南一世（Fernando I）國王墓，石棺以精緻的哥德式雕刻裝飾，蘊含莊嚴厚重的皇家氛圍。

INFO

卡爾莫考古博物館
🏠 Largo do Carmo　　　📞 +351 21 347 8629
🕐 6 至 9 月 10:00 ～ 19:00；10 月至隔年 5 月 10:00 ～ 18:00（周日休）
💲 € 4
⭐ 持里斯本卡折扣 20%
🚇 Baixa-Chiado 地鐵站西北 300 公尺
🌐 museuarqueologicodocarmo.pt

景 無花果樹廣場 Praça da Figueira

盡顯下城魅力

位於里斯本市中心的無花果樹廣場，地處龐巴爾下城區，周圍是規劃整齊的四層建築，亦為市區重要交通樞紐。廣場在里斯本大地震前為皇家諸聖醫院（Hospital Real de Todos os Santos）的所在位置，歷經毀滅性的災難，醫院被夷為平地，期間曾陸續改作露天市集、室內市場等用途，1949 年將所有地上物拆除後，即是今日所見的開放式廣場。廣場一側為建於 1971 年的約翰一世騎馬青銅雕像，作者是葡萄牙現代知名的紀念碑雕塑家Leopoldo de Almeida，貝倫區的著名景點「發現者紀念碑」同樣出自他的手筆。

INFO

無花果樹廣場
🏠 Praça da Figueira
💲 免費
🚇 Rossio 地鐵站即達

景 聖多明我堂 Igreja de São Domingos

見證天災人禍

教堂初建於 1241 年，由天主教的重要派別──多明我會（又譯道明會，會士均穿著黑色斗篷，故稱作黑衣修士，與方濟會的灰衣修士與聖衣會的白衣修士不同）設立。教堂在數百年來經歷數度改建，目前所見的巴洛克式建築完成於 1748 年，當時教堂因里斯本大地震嚴重損毀，重建工程由葡籍德裔建築師 João Frederico Ludovice 負責，而他也是馬夫拉宮（Palácio Nacional de Mafra，葡萄

牙最豪華的巴洛克式建築之一）的設計者。

　　經過百年的細部整修，教堂在 19 世紀中已全然恢復往日的華麗面貌，美輪美奐的鍍金祭壇與細膩典雅的宗教繪畫皆屬極致之作，而可容納兩千名信徒的寬闊空間，更成為國王路易斯一世（Luís I）與皇后瑪麗亞（Maria Pia of Savoy）舉行婚禮的地點。遺憾的是，聖多明我堂在 1959 年遭遇祝融之災，大火將內飾燒毀殆盡，相對過去的富麗堂皇，如今則屬簡樸簡單的簡約風格。

　　教堂所在的聖多明我廣場是當地傳統的外國人區，許多非洲裔的移民聚集於此，廣場上豎立一座圓形、中央星狀的紀念碑，並用 34 種語言寫著「里斯本·寬容之城」的刻字。出乎意料的是，如此「寬容」的感悟其實源於名為「里斯本大屠殺」的歷史慘案：1506 年 4 月，聖多明我堂內的天主教教徒因認同神蹟與否的細故與一名信仰新教的猶太人發生衝突，群情激憤下將猶太人圍毆致死，從而引爆大規模的屠殺異端行動。數日內，高達四千名、占當時城內 25%的猶太人口被殺，許多猶太家庭也遭驅逐出境，是葡萄牙歷史上相當嚴重的排外事件。

INFO

聖多明我堂

🏠 Largo de São Domingos
📞 +351 21 342 8275
🕐 07:30 ～ 19:00
💲 免費
🚇 Rossio 地鐵站以北 150 公尺

羅西歐廣場 Praça do Rossio

城市中心

位於龐巴爾下城的羅西歐廣場，正式名稱爲佩德羅四世廣場（Praça de D. Pedro IV），上面鋪設以黑白爲主色調、波浪構圖的葡式碎石路（Calçada Portuguesa，葡萄牙及其殖民地常見鋪砌路面的傳統工法），中央立有葡萄牙國王暨第一任巴西皇帝佩德羅四世（Pedro IV）身穿王袍、頭戴桂冠、右手持憲法憲章的加冕紀念柱，南北兩端各有一座造型典雅的噴泉。

INFO ....

羅西歐廣場
- Praça do Rossio
- 免費
- Rossio 地鐵站即達

中古世紀以來，羅西歐廣場就處在城市發展的中心地帶，不僅見證各個時代的歷史事件，亦曾是舉行宗教審判、公開處決、革命抗議、鬥牛活動的地點，如今則成爲遊人如織的觀光地，廣場被紀念品店、咖啡館、旅社、珠寶行等商家圍繞，氣氛悠閒舒適。需留意的是，由於周邊人流複雜、遊客聚集，是扒手經常出沒的熱點，拍照賞景之餘請務必提高警覺。

葡萄牙旅圖攻略

Part 3

樂在「葡」京——里斯本

景 瑪麗亞二世國家劇院 Teatro Nacional D. Maria II

表演殿堂

位處羅西歐廣場北側的瑪麗亞二世國家劇院，為葡萄牙享有盛名的表演場地，劇院內有不同功能的廳室，用以舉辦各種類型的藝文活動。劇院前身為建於 15 世紀的埃斯塔斯宮（Palácio dos Estaus），儘管建築物躲過里斯本大地震的侵襲，卻在 1836 年的火災中付之一炬。在浪漫主義劇作家阿爾梅達（Almeida Garrett）的倡議下，決定於宮殿原址重建一座獻給女王瑪麗亞二世（Maria II）、足以代表國家的高規格劇院。19 世紀中建成的國家劇院，由義大利籍建築師福爾圖洛（Fortunato Lodi）設計，

INFO

瑪麗亞二世國家劇院
- Praça Dom Pedro IV
- +351 21 325 0800
- 周三至周五 11:00 ～ 22:00、
  周二與周日 10:30 ～ 19:00、
  周六 14:00 ～ 22:00（周一休）
- 免費（表演 € 5 起）
- Rossio 地鐵站以北 200 公尺
- teatro-dmaria.pt

為里斯本最具代表性的帕拉第奧式新古典主義建築（講究古羅馬與希臘建築的對稱思想與價值），立面有 6 根古希臘風格的愛奧尼柱式圓柱與三角楣飾（又稱山花，希臘羅馬時代、文藝復興時期常用於建築橫梁上的三角形區域），後者裝飾有阿波羅和繆斯的浮雕，山花最頂部則為葡萄牙戲劇之父維特森（Gil Vicente）的雕像。1964 年，劇院再度遭大火襲擊，經過長達十餘年的徹底修復，終於 1978 年重新對外開放。

景 聖洛克堂 Igreja de São Roque

天主教寶庫

16 世紀興建的聖洛克堂，不僅是葡萄牙第一座，也是全球最早的天主教耶穌會教堂之一，之後的兩百年間曾為耶穌會在葡國的總部，直到龐巴爾侯爵將其驅逐出境才被迫告終。教堂在里斯本大地震中僅受輕微損傷，未幾被劃歸仁慈堂（Santa Casa da Misericórdia）所有，至今仍由該慈善機構負責管理。

教堂建築風格屬巴洛克與矯飾主義，立面簡潔樸素，堂內則有豐富的鍍金、繪畫與雕飾，形成外觀低調、內飾華麗的視覺反差。聖洛克堂除主堂外，兩側另有聖家小堂（Capela da Sagrada Família ou do Menino Perdido，祭壇上有耶穌、聖母與若瑟聖像的神聖家庭）、聖體小堂（Igreja de São Roque，祭壇中央以巴洛克風格表現聖母升天的場景，使用大量鍍金與細膩精緻的

鑲嵌雕刻）、聖洛克小堂（Capela de São Roque）等 9 座小堂。其中，名氣最響亮的是 18 世紀中建成的聖若翰洗者小堂（Capela de São João Baptista，祭壇中央為耶穌受洗圖，左、右兩側分別為五旬節圖與聖母領報圖），教堂先在羅馬使用當地的多種珍貴石料建成，拆卸後再運往里斯本重組安裝，據說是當時歐洲耗資最鉅的工程。

　　聖洛克堂旁設有一間創建於 1905 年的同名博物館（Museu de São Roque），又稱作聖洛克天主教藝術博物館（Museu de Arte Sacra de São Roque），為葡萄牙最早成立的宗教藝術博物館之一。聖洛克博物館作為以聖洛克堂為核心的收藏展示與推廣教育機構，館內藏品豐富，旨在保護與修復堂內繪畫、雕塑、聖器等宗教藝術相關文物。

INFO ··

聖洛克堂

🏠 Largo Trindade Coelho
📞 +351 21 346 0361
🕐 08:30 ～ 17:00
💲 免費
🚇 Rossio 地鐵站以西 650 公尺、Baixa-Chiado 地鐵站西北 650 公尺、Restauradores 地鐵站西南 550 公尺

聖洛克博物館

📞 +351 21 323 5444
🕐 4 至 9 月周一 14:00 ～ 19:00、周二與周三 10:00 ～ 19:00、周四 10:00 ～ 20:00、周五至周日 10:00 ～ 19:00；10 月至隔年 3 月周一 14:00 ～ 18:00、周二至周日 10:00 ～ 18:00
💲 € 2.5（周日 14:00 前入場免費）
⭐ 持里斯本卡折扣 40%
🌐 museu-saoroque.com

阿爾坎塔拉聖伯多祿花園 Miradouro de São Pedro de Alcântara

攝客最愛

鄰近上城的阿爾坎塔拉聖伯多祿花園，占地 0.6 公頃、地勢高，可選擇搭乘榮耀升降機或攀登榮耀之路（Calçada da Glória）前往，周日有小規模的文創市集。漫步造景優美的花園之餘，亦可眺望里斯本東部及太加斯河景致，城內的聖約翰城堡、里斯本主教座堂、城外聖文生教堂等一覽無遺，日落時分（冬季17：00、夏季19：00）造訪，更是欣賞夕陽的最佳位置。

INFO

阿爾坎塔拉聖伯多祿花園
🏠 Rua São Pedro de Alcântara
🕐 全天
🚇 Restauradores 地鐵站以西 500 公尺

王儲花園 Jardim do Príncipe Real

賞百年老樹・逛周末市集

關於 19 世紀中的王儲花園，占地 1.2 公頃，是一座英式園藝造景花園，園區內有參天古樹、平坦草坪、歐式噴泉、造景雕塑與露天咖啡座，氣氛寧靜悠閒。王儲花園於每周六上午舉行有機農產市集，不僅有自產自銷的生鮮蔬果、自家製的麵包果醬，也有各式各樣的手工藝品與令人眼花撩亂的二手貨，十分精采有趣。

INFO

王儲花園
🏠 Praça do Príncipe Real
🕐 全天
🚇 Restauradores 地鐵站以西 850 公尺

自由大道 Avenida da Liberdade

里斯本的香榭麗舍

　　自由大道是一條貫穿首都精華區的林蔭街道，道路寬 90 公尺、長 1.2 公里、雙向 10 線道，視野開闊、風景優美。大道南北兩端分別為光復廣場（Praça dos Restauradores）與龐巴爾侯爵廣場（Praça do Marquês de Pombal），前者是紀念 1640 年葡萄牙經歷西班牙統治 60 年後重獲獨立的史實，廣場上立有象徵獨立和勝利的方尖碑；後者為一座環形廣場，中央巨大圓柱的頂部是龐巴爾侯爵的銅像，身旁的獅子則是權力的象徵。

　　自由大道的起源於 1764 年，由當時規劃龐巴爾下城的建築師 Reinaldo Manuel 設計，繼之擔任里斯本城市建築師的 Malaquias Ferreira Leal 再對區域內的植物、噴泉、雕像重新安排，代表太加斯河與杜羅河寓言的雕像就是在此時豎立。自由大道的圓環與人行道均鋪設傳統葡式碎石路，其間設置有西蒙・玻利瓦爾（Simón Bolívar，19 世紀南美獨立運動領導者）、阿爾梅達（葡萄牙代表性浪漫主義劇作家兼國務卿）、安東尼奧（António Feliciano de Castilho，葡萄牙浪漫主義作家、辯論家與教育家）等人物雕像，以及 1931 年豎立、讚頌第一次世界大戰陣亡的英雄紀念碑。道路兩側商業活動發達，名牌精品、高級旅館、咖啡館、劇院、銀行林立，是觀光與購物兼具的必訪景點。

INFO

自由大道

🏠 Av. da Liberdade

🚇 Restauradores 地鐵站西北、Avenida 地鐵站即達、Marquês de Pombal 地鐵站以南

美食

「Nata、Bifana、Polvo à Lagareiro……」來到餐館雲集的里斯本市中心，舉凡米其林餐廳、庶民小吃店、情色酒吧、百年咖啡館、跨國連鎖餐廳、烤肉外帶店無一不缺，無論是葡式蛋塔、豬扒包抑或是傳統海鮮菜式、創新分子料理，所有葡式美食都可在此「一網吃盡」！

儘管葡萄牙本地對海鮮的處理不若法式那般精緻細膩，卻以傳統樸實的烹調方法展現食物原有的純粹鮮甜，其中必嘗的海鮮燉飯亦別於西班牙米粒偏硬的夾生口感，而是讓米與蝦、蟹等海鮮一起烹煮入味，相形之下更合胃口。

用餐前，提醒兩件葡萄牙人習以為常卻異於臺灣一般認知的用餐規矩：一是侍應主動送上的麵包要另外收費，二則為露天座的餐點（或飲料）單價經常高於室內。

貝爾坎圖餐廳 Belcanto

二星非虛名

貝爾坎圖自 1958 年開業以來，一直是名流富商品嘗佳餚的最愛，為里斯本相當著名的高級餐廳。2012 年，葡萄牙的新生代名廚 José Avillez 接手管理並進行重整，不滿一年便得到米其林一星肯定，後更於 2015、

2016、2017、2018 連續獲二星殊榮（葡萄牙至今仍無三星餐館），亦是葡萄牙入選世界百大最佳餐廳的第一人。

「廚師及團隊的個性和才華在精心製作的料理中顯而易見，這些料理是精緻的、有靈感的、有時也是原創的。」一如米其林指南對貝爾坎圖的讚譽，主廚 José

INFO

貝爾坎圖餐廳
🏠 Largo de São Carlos 10　　📞 +351 21 342 0607
🕐 12:30 ～ 15:00、19:00 ～ 23:00（周一、周日休）
💲 套餐 € 125 起、佐餐酒 € 50 起（人均：€ 200 ～ 300）
🚇 Baixa-Chiado 地鐵站以西 300 公尺、28E 至 Chiado 站 200 公尺
🔍 希亞多美術館（Museu do Chiado）、
　　殉道者大教堂（Basílica dos Mártires）
🌐 belcanto.pt

Avillez 以結合傳統與前衛的手法重新演繹葡萄牙料理，將科技與異國風味（例如日式食材）融入廚藝創作，以突破固有框架的概念顛覆習以爲常的食材處理與用餐模式，每道菜都宛若一件精緻華美的藝品，讓「飲食」由味覺的饗宴晉升至滿足五感的繽紛旅程。

欲造訪貝爾坎圖餐廳，需先以電話預約（提供信用卡號以確保訂位資格），或可透過電子郵件 belcanto@belcanto.pt 洽詢，1 ～ 2 日內就會收到回覆。

 ## BA 葡萄酒吧 BA Wine Bar do Bairro Alto

喝美酒．長知識

BA 是以葡萄酒爲主題的精緻酒吧，提供 150 種以上的葡萄酒供來客挑選品嘗，服務人員對酒的歷史與產地都有深入的認識，可透過他們的解說與推薦找到最合適自己的酒款。BA 位於里斯本酒吧的一級戰區，卻能在貓途鷹的餐館評價中奪下第一寶座，顯示其不僅葡萄酒風味極佳，佐酒的料理亦相當美味，是品嘗優質葡萄酒的最佳地點。

INFO

BA 葡萄酒吧
- Rua da Rosa 107　　+351 21 346 1182
- 18:00 ～ 23:00（周一休）
- 佐酒菜 € 10 起（人均：€ 20 ～ 50）
- Baixa-Chiado 地鐵站西北 850 公尺、28E 至 Santa Catarina 站 300 公尺
- 聖洛克堂
- facebook.com/BA-Wine-Bar-do-Bairro-Alto-395938490438196

巴西人咖啡館 Café A Brasileira

與詩人共飲

開業於 1905 年的巴西人咖啡館，販售產自巴西的優質咖啡，這間擁有百年歷史的老店，如今已是里斯本重要的城市象徵。鑑於創始人 Adriano Soares 對音樂繪畫的濃厚興趣，咖啡館自然而然成為葡萄牙知識分子與文藝人士的聚會場所，其中最知名的莫過葡萄牙詩人費爾南多·佩索亞。

1980 年，一尊由葡萄牙雕塑家 Lagoa Henriques 創作的費爾南多銅像置於露天區一隅，與他生前孤獨邊緣的性格頗為契合，來客也可與這位 20 世紀的偉大詩人同桌共飲。咖啡館內兩側牆面掛有葡國現代畫家 António Palolo、Carlos Calvet、Eduardo Nery 等人的作品，前衛抽象的畫作風格與古典雅致的內飾裝潢相映成趣，流露華麗而高貴的文藝氛圍。需留意的是，如同葡國多數咖啡館，露天座（Esplanada）的餐點訂價比咖啡館內（Restaurante）略高（單品差價在 €0.5～2 間），選擇座位時不妨留意。

INFO

巴西人咖啡館

🏠 Rua Garrett 120-122　　　📞 +351 21 346 9541
🕐 08:00～02:00
💲 咖啡 €1.5 起、點心 €3 起、沙拉 €8 起、主餐 €15～30（人均：€10～30）
🚇 Baixa-Chiado 地鐵站即達、28E 至 Pç. Luis Camões 站 100 公尺
📍 賈梅士廣場（Praça Luís de Camões）、卡爾莫考古博物館、聖胡斯塔升降機

食 曼蒂蛋塔 Manteigaria

葡塔強中手

來到葡萄牙，怎會錯過現烤出爐的熱騰騰葡式蛋塔！除了大名鼎鼎的貝倫烘焙坊，里斯本市中心也有一間佳評如潮的蛋塔專賣店「曼蒂」，遊客不用千里迢迢、免去排隊久候、不分晨昏早晚，隨時都能享用美味道地的葡式蛋塔。曼蒂的蛋塔皮脆芯滑、奶香濃郁、入口即化，甜度偏高而不膩，再撒上店家準備的肉桂香料與糖粉，更變化出另一番滋味。品嘗蛋塔的同時，也可隔著玻璃櫥窗欣賞師傅們手工製作的精采過程，每逢出爐時刻還會敲起響亮的鐘聲，體驗蛋塔從無到有再入口的完美旅程。

由於店內座位有限、走道細窄，如無法擠進用餐，也可選擇於門口櫃檯外帶，攜至鄰近的賈梅士廣場享用。廣場不大但氣氛悠閒，兩側有電車不時行經、對面就是鼎鼎大名的巴西人咖啡，葡式蛋塔佐葡式美景堪稱最道地葡式享受。

INFO

曼蒂蛋塔
- 🏠 Rua do Loreto 2
- 📞 +351 21 347 1492
- 🕐 08:00 ～ 00:00
- 💲 葡式蛋塔 € 1、Espresso € 0.7（人均：€ 5）
- 🚇 Baixa-Chiado 地鐵站以西 200 公尺、28E 至 Pç. Luis Camões 站 100 公尺
- 🔍 賈梅士廣場、卡爾莫考古博物館、聖洛克堂
- 📷 facebook.com/ manteigariacamoes

國家糕餅坊 Confeitaria Nacional

傳承六代 · 舊時味

　　創業於 1829 年的國家糕餅坊，是里斯本最富歷史的近 200 年老店，19 世紀時曾爲葡國皇室糕餅的供應商，現仍販售傳承自創始人 Roiz Castanheiro 家族百年食譜的葡式甜點。店內裝潢以暖色調的古典木紋裝飾爲主，門口放有各式豐富糕點與巧克力的玻璃櫃，顧客可選擇於一旁的立食吧檯或一樓室內、戶外用餐區簡單享用，也可沿迴旋木梯而上的二樓座位區細細品嘗。

　　國家糕餅坊的招牌爲口感綿密、奶油醇香的國王蛋糕（Bolos á Fatia，有咖啡、鳳梨、草莓等多種口味，每片€ 2.75），而葡國必見的葡式蛋塔則是外酥香內濃稠，搭配純黑的 Bica 或添加牛奶的 Galão 都很順口。除了甜點，糕餅坊也有三明治、義大利麵、鹹派、歐姆蛋、魚及肉排主餐等鹹食，價位較一般餐館略高。

INFO

國家糕餅坊

🏠 Praca da Figueira 18B　　　　📞 +351 21 342 4470

🕐 周一至周四 08:00 ～ 20:00、周五至周日 08:00 ～ 21:00

💲 Bica € 1.1、Galão € 1.65、葡式蛋塔€ 1.4、沙拉€ 4.75 起、
義大利麵€ 8.75（人均：€ 5 ～ 20）

🚇 Rossio 地鐵站東南 100 公尺

🔍 無花果樹廣場、羅西歐廣場

🌐 confeitarianacional.com

豬扒包之家 Casa das Bifanas

正宗葡國豬扒包

從麥當勞、咖啡廳到小吃店，葡萄牙隨處可見道地葡式漢堡 Bifana 的蹤影，儘管作法略有差異，但大致不脫「將醃漬里肌肉片滷煮後夾入抹有芥末或辣椒醬熱麵包內」的基礎。見到 Bifana 的瞬間，肯定會聯想到熟悉的澳門豬扒包，而它倆也確實是鼻祖（Bifana）與後裔（豬扒包）的傳承關係。

在里斯本，供應豬扒包的店家多如牛毛，緊鄰無花果樹廣場的豬扒包之家，堪稱是其中高 CP 值的必訪名店！鬆軟的短法包裡頭塞著兩塊鮮嫩肉片，迎合全球口味的熱燙組合＋歐洲罕見的佛心價格。這裡的 Bifana 僅是純粹肉與麵包的組合，也可自行加入芥末醬或當地餐館必備的 Piri-Piri 辣油，後者辣度直接具衝擊性，是嗜辣者不容錯過的重磅體驗！除了豬扒包，這裡的布丁同樣令人讚不絕口，不僅一份可供 2 人食用，質地更是紮實濃郁、口感綿密純正，堪稱是螞蟻人的神級美味。

INFO

豬扒包之家

🏠 Praca da Figueira 6 　　　📞 +351 21 342 1637
🕐 06:30 ～ 00:00（周日休）
💲 豬扒包 € 2.1（露天座 € 2.4）、Espresso € 0.6（露天座 € 0.9）、布丁 € 1.7（人均：€ 5 ～ 10）
🚇 Rossio 地鐵站以東 100 公尺
🔍 無花果樹廣場、羅西歐廣場、聖多明我堂、瑪麗亞二世國家劇院

貝拉車站咖啡館 Café Beira Gare

醒神好葡味

咖啡館位於羅西歐火車站旁，餐點款式包山包海，從快速的豬扒包到講究的海鮮料理都有供應，交通便利加上食物道地，店內外經常高朋滿座。貝拉不只有吸滿肉汁的爆量豬扒包，料多 Q 彈的葡式章魚燉 飯（Arroz de Polvo Malandrinho）與炸蝦餅（Rissol de Camarão）也很獲

好評，用餐時再搭配一杯沁涼的葡萄牙啤酒 Sagres，便是令人難忘的葡式好味。

INFO

貝拉車站咖啡館

🏠 Praça Dom João da Câmara 4　　📞 +351 21 342 0405
🕐 09:00 ～ 22:00
💲 豬扒包€ 2.5、烤章魚€ 13.9、葡式章魚燉飯€ 13.9、炸蝦餅€ 1.5／個、主餐€ 7 ～ 15（人均：€ 5 ～ 15）
🚇 Rossio 地鐵站西北 150 公尺、Restauradores 地鐵站東南 150 公尺
🔍 羅西歐廣場、瑪麗亞二世國家劇院、聖多明我堂

太陽 31 餐廳 olar 31 da Calçada

葡式海鮮一把罩

位居靜謐斜巷內的太陽 31 餐廳，窗上以中文等多國語言寫著「可能是世界上最好的章魚！」店家專注於料理海鮮與烤魚，以簡單的烹調方式引導出食物原有鮮甜。

裝潢屬簡單清爽的現代風格，主廚與

服務人員熱情親切，讓人感受宛若家庭般的舒適感。餐廳菜色以葡萄牙傳統海鮮料理爲主，其中螃蟹、龍蝦和章魚最爲出色，肉質鮮美的烤魚也只要€ 10 起跳，餐點分量充足、價格合理，是值得專程探訪的美味祕境。

INFO

太陽 31 餐廳
- Calçada Garcia 31　　+351 21 886 3374
- 周二至周六 11:30 ～ 23:00、周一 17:30 ～ 23:00（周日休）
- 招牌章魚煮（Polvo á Solar）€ 19.95、烤海鮮拼盤（Mariscada）€ 79、主餐 € 20 上下、螃蟹 € 36 ／公斤（人均：€ 25 ～ 35）
- Rossio 地鐵站東北 250 公尺
- 聖多明我堂、瑪麗亞二世國家劇院、羅西歐廣場
- solar31.com（可預訂 2 個月內座位並享 5% 折扣）

 弗記烤肉 Frangasqueira Nacional

外帶烤雞 No.1

　　距離自由大道有一小段距離的弗記，儘管隱身住宅區巷弄內，卻被饕客譽爲是「里斯本（甚至是全歐洲）最美味雞肉」。

　　廚師對火候的掌控十分熟練，不僅烤雞有口皆碑，其餘烤肋排（Tiras de Piano）、香腸與搭配的番茄沙拉、薯片、辣椒醬也相當

美味，屬零負評、價格親民、高 CP 值的在地餐館。弗記以外賣爲主，用餐時間多需排隊，點餐後等候 10 ～ 15 分就可領取，可步行至附近的王儲花園享用。

INFO

弗記烤肉
- Rua da Imprensa Nacional 116　　+351 21 241 9937
- 12:00 ～ 15:00、18:30 ～ 22:00（周一休）
- 單人餐 € 3.8（1/4 烤雞＋沙拉＋飯或麵包）、Mista 混和燒烤（烤雞＋香腸＋肋排）2 ／ 3 人份 € 6.9 ／ € 9.3（人均：€ 5 ～ 10）
- Rato 地鐵站東南 400 公尺
- 國家自然歷史科學博物館（Museu Nacional de História Natural e da Ciência）、王儲花園

希亞多餐館 O Chiado

體驗傳統葡國菜

緊鄰地鐵站的希亞多餐館，不僅享有地利之便，更以供應道地的傳統葡國料理馳名，餐館門面低調簡單，店內空間舒適溫馨，有種到老朋友家用餐的熟悉感。

主餐有各式魚豬牛肉類或煎或烤或滷煮的多元選擇，食材新鮮、價格合理，其中烤章魚（Polvo à Lagareiro，€ 13.5）、薯絲馬介休（Bacalhau a Brás，€ 11）以及沙朗牛排（Bife do Lombo Grelhado com Batatas Fritas，€ 14）皆受到饕客一致推崇，而置於高溫岩石上的牛排更是噱頭與美味兼備的必點招牌。

需提醒的是，和絕大多數的葡萄牙餐館相同，服務生會很自然地送上「你沒有點」的麵包、果醬與奶油，這些看似免費招待的食物實際都會加收費用（希亞多餐館在貓途鷹上罕見的負評多源於此），若不需要就立即請對方收回。

INFO

希亞多餐館
🏠 Rua do Crucifixo 104　　📞 +351 21 342 2086
🕐 12:00 ～ 15:00、18:30 ～ 22:00（周日休）
💲 主餐 € 10 ～ 15、前菜 5、非酒精飲料 € 2.5 ～ 3.5、
　　麵包 € 1（人均：€ 15 ～ 25）
🚇 Baixa-Chiado 地鐵站即達；28E 至
　　Chiado 站 600 公尺
📍 聖胡斯塔升降機、卡爾莫考古博物館、
　　里斯本時尚與設計博物館

硬石餐廳 Hard Rock Café Lisbon

電影前世、搖滾今生

1971 年創業於英國倫敦的硬石餐廳，是一間搖滾樂及流行文化為主題的連鎖餐館，以熱情洋溢的服務態度與漢堡為主的美式餐點為號召，目前在全球 59 個國家設置近 200 間分店。2003 年開幕的里斯本店，為葡萄牙首間硬石餐廳，店鋪地處最繁華的自由大道、光復廣場旁。

特別的是，餐廳所在建築本是一棟完工於 1951 年的孔德斯電影院（Cinema Condes），外牆角採圓弧設計、上面刻有浮雕，是里斯本人共同的青春回憶。只

是，隨著設備老舊與觀眾型態改變，這座影樓於 1996 年宣布歇業，後來幸運地躲過拆遷並成為公共財，現以美式餐廳之姿重新出發。

硬石餐廳的價位雖偏高但分量足，碳酸飲料可無限續杯，晚間 10 點以後有樂團現場表演。

INFO

硬石餐廳（里斯本店）
🏠 Av. da Liberdade 2　　📞 電話：+351 21 324 5280
🕐 周一至周四 11:30 ～ 01:00、周五至周日 09:00 ～ 01:00
💲 漢堡 € 13 ～ 17、主餐 € 15 ～ 20、雞尾酒 € 6.95（人均：€ 20 ～ 30）
🚇 Restauradores 地鐵站以北 200 公尺
🔲 自由大道、光復廣場、榮耀升降機、瑪麗亞二世國家劇院
🌐 hardrock.com/cafes/lisbon

貝倫區 Belém

　　貝倫在葡萄牙語中意指耶穌出生地伯利恆，地理大發現時期的航海家都是由貝倫港出發，展開探索世界的未知旅程。如今的貝倫已卸下繁忙的港口任務，成為包含數個綠地與博物館、花園的休閒旅遊勝地，人們可在此地參觀屹立 500 年的世界遺產：熱羅尼莫斯修道院與貝倫塔。

貝倫區觀光指南圖

① 景 貝倫塔	⑦ 景 葡萄牙國立馬車博物館新館	⑬ 景 海軍博物館
② 景 發現者紀念碑	⑧ 景 葡萄牙國立馬車博物館舊館	⑭ 景 國家考古博物館
③ 景 貝倫文化中心	⑨ 景 貝倫宮	⑮ 景 植物園
④ 景 帝國廣場	⑩ 食 熱羅尼莫斯餐館	
⑤ 景 貝倫廣場	⑪ 食 貝倫烘焙坊	
⑥ 景 阿方索廣場	⑫ 景 熱羅尼莫斯修道院	

葡萄牙國立馬車博物館 Museu Nacional dos Coches

搜括全球的奢華年代

　　國立馬車博物館是全球罕見以馬車為主題的收藏機構，館內陳列葡萄牙王室貴族、皇親國戚、外交使節、來訪貴賓的人力轎子、馬車數十輛，以及與其配套的騎士制服、馬具、馬術比賽器具與皇家樂隊器具、馬夫隨從服裝等，時間橫跨 16 至 19 世紀，包含葡萄牙、義大利、法國、英國、奧地利等各國製造的車廂，重現歐洲在汽車普及前的運輸演進史。博物館的前身為 1726 年成立的騎術學校，1905 年由卡洛斯一世的妻子、女王瑪麗亞（Amélia de Orleães）下令將建物改為馬車博物館。這些精雕細琢、匠心獨具的鍍金豪華馬車不僅是交通工具，更有烘托皇家尊貴身分與宣揚國威的意義，令人得以一窺當年葡萄牙作為海上霸主的輝煌往昔。

　　金碧輝煌、氣勢宏偉的大廳內展示四輪大馬車（Coche）、四輪馬車（Berlinda）、蓬蓋四輪雙座馬車（Sege）、有蓬單馬

輕便馬車（Vitória）與人力轎（Cadeirinha）等，儘管乍看大同小異，實際卻各有巧妙，裝飾細膩華美、別具意義之餘，亦有相當高的實用價值。其中，製造於 16 世紀晚期的腓力二世大馬車（Coche de Filipe II，時爲西班牙統治葡萄牙的哈布斯堡王朝時期，腓力二世即爲西班牙的腓力三世）更爲因應長途旅行而在馬車內設置簡易馬桶。各具特色的馬車不勝枚舉，遊客可透過解說立牌或購買指南（簡體中文版）有更深的認識。

眾馬車中，最華麗的莫過葡萄牙國王約翰五世獻予教宗克勉十一世（Pope Clement XI）的同名馬車（Coche do Papa Clemente XI，編號 34、1715 年羅馬製）、里斯本加冕馬車（Coche da Coroação de Lisboa，編號 44、1716 年羅馬製），兩台雕飾均以希臘神話爲主題，前者爲阿波羅在中央、上方兩側是季節之神，下方的雕像中央象徵地球、左右兩側分別代表大西洋和印度洋，雕像呈現握手的姿態具有兩大洋被連結起來的意涵；後者則是象徵富饒和名譽的兩位女神正在爲里斯本加冕，而其腳下的兩位奴隸分別代表非洲與亞洲。

與上述兩台馬車異曲同工的還有金光閃閃的大使馬車（Coche do Embaixador，

編號 39，1716 年羅馬製），上面雕塑著戰爭女神 Belona、航海女神 Navegaçã 及海妖 Adamastor，意指葡萄牙在眾神的庇佑下通過各種考驗。依循參觀路線，最後看到的是造型現代化的蘭道弒君馬車（Landau do Regicídio，編號 22，1900 年里斯本製），顧名思義，這台正是 1908 年 2 月 1 日國王卡洛斯一世與兩子返回皇宮途中遭暗殺時的座車，車體上清晰彈痕正是這樁皇族悲劇的永恆見證。最後，馬車博物館除了原本毗鄰貝倫宮、Belém 公車站的舊館，又於附近新建占地更廣的新館，部分經典馬車也移往該處，參觀前請留意。

INFO

葡萄牙國立馬車博物館

🏠 Av. da Índia 136（新館）
🕐 10:00 ～ 18:00（周一休）
⭐ 持里斯本卡享免費入場
🚌 Belém 火車站即達、公車 15E、201、714、727、728、729、751 至 Belém 站，步行 3 分；公車 728 至 Estação Fluvial de Belém 站即達
📷 museudoscoches.pt

📞 +351 21 073 2319
💲 新館 € 6、舊館 € 4

景 貝倫宮 Palácio de Belém

總統的粉紅宅

　　位於貝倫區山丘上的貝倫宮，過去是葡萄牙君主王宮、今日爲葡萄牙總統官邸（即總統府），官邸部分僅每周六開放參觀，而收藏與展出國家禮品（總統任職期間收到的各國贈禮）的共和國總統府博物館（Museu da Presidência da República），則除周一休館外每日開放。

　　貝倫宮的歷史可追溯自 18 世紀中，國王約翰五世收購土地後命令重建，由葡籍建築師 Mateus Vicente de Oliveira 等設計，宮殿爲一座「L」形建築，以砌體結構（磚材與石材結構的合稱）建成、建材有石灰石、大理石與葡式磁磚畫，整體屬巴洛克、矯飾主義風格。王室曾於 1807 年搬離，之後歷經廢棄、王室回歸、轉作貴賓住所等用途，至 1886 年卡洛斯國王下令重修宮殿，再度成爲王室的居所。1910 年，葡萄牙革命推翻君主制，貝倫宮也由國王宮殿轉爲總統的工作場域與私人宅邸。

貝倫宮的對面是阿方索廣場（Jardim Afonso de Albuquerque），爲眺望宮殿景致的最佳位置。廣場得名於 15 世紀征服果阿邦（Goa 位於印度西岸）和馬六甲、素有「葡萄牙戰神」之稱的海軍將領阿方索，中央立有一座完成於 1902 年、新曼努埃爾風格的紀念碑，上面立有阿方索的銅像及講述其生平事蹟的浮雕。

 INFO

貝倫宮

🏠 Calçada da Ajuda
📞 +351 21 361 4600
🕐 周六 10:30 ～ 16:30
💲 € 5
🚉 Belém 火車站西北 500 公尺；公車 15E、201、714、727、728、729、751 至 Belém 站即達
📍 提供英文導覽服務，散客提前（約 9 點）於現場報名；每月第 3 個周日上午 11 點的貝倫宮前（阿方索‧德‧阿爾布克爾克廣場一側）舉行總統府儀隊表演

共和國總統府博物館

🏠 Palácio de Belém, Praça Afonso de Albuquerque
📞 +351 21 361 4660
🕐 10:00 ～ 18:00（周一休）
💲 € 2.5（周日 13:00 前免費入館）
🌐 museu.presidencia.pt

景 熱羅尼莫斯修道院 Mosteiro dos Jerónimos

曼努埃爾極致

位於貝倫區熱羅尼莫斯修道院，是以古代西方教會聖經學者熱羅尼莫（Jerome，340 ～ 420）爲名建造，架構簡約而細部繁複，不僅見證葡萄牙在大航海時代的輝煌，更爲里斯本現存最具代表性的曼努埃爾式建築。修道院前身是恩里克王子於 1450 年建造的禮拜堂，1497 年探險家達伽馬首次出航前曾在此祈禱，惜建築不久就因失修而頹圮。

16 世紀初，正值海權鼎盛時期的國王曼努埃爾一世爲紀念達伽馬發現印度航路的偉業，下令在禮拜堂

舊址興建規模宏偉的修道院，工程款正是來自徵印度海上航路的貿易稅金。修道院的建材使用當地產的金色石灰岩（Pedra Lioz，視覺上爲白中含金），最初爲曼努埃爾建築風格的創始者 Diogo de Boitaca 主導，1517 年由西班牙建築師 João de Castilho 接手，風格改走文藝復興路線，修道院高 32 公尺、雕塑細膩的華麗南門被譽爲其一生最偉大的作品之一。

　　1521 年國王離世，修道院工程短暫停滯，1551 年才在擅長文藝復興、矯飾主義風格的建築師 Diogo de Torralva 手上重啓，繼之的葡籍建築師 Jerónimo de Ruão 爲其加入古典元素，修道院終於 1580 年完工。熱羅尼莫斯修道院雖撐過里斯本大地震的襲擊，卻在 1833 年葡萄牙教會宣布停止使用後一度閒置破敗，所幸修繕工作於 19 世紀中展開，1983 年與鄰近的貝倫塔一併列爲世界文化遺產。

`INFO` ⋯⋯

熱羅尼莫斯修道院
🏠 Praça do Império　　　　　　　📞 +351 21 362 0034
🕐 5 月至 9 月 10:00 ～ 18:30；10 月至隔年 4 月 10:00 ～ 17:30（周一休）
💲 € 10、修道院＋國家考古博物館 or 貝倫塔 € 12、修道院＋國家考古博物館＋貝倫塔 € 16
⭐ 持里斯本卡享免費入場（需至售票處換票）
🚇 Belém 火車站西北 900 公尺；公車 15E、729 至 Mosteiro dos Jerónimos 站即達
🌐 mosteirojeronimos.pt

⋯⋯

　　熱羅尼莫斯修道院包含後院與毗鄰的聖瑪利亞教堂（Igreja de Santa Maria）及位於西半部的國家考古博物館（Museu Nacional de Arqueología）、海軍博物館（Museu de Marinha），其中後院面積 55 平方公尺，周圍有兩層迴廊圍繞，廊柱上滿是雕工精細的異國植物、貝殼浪濤等大自然的花紋；而聖瑪利亞教堂則安放曼努埃爾一世、達伽馬與葡國傳奇詩人賈梅士（Luís Camões，1542 ～ 1580，透過敘事詩《葡國魂》（Os Lusíadas，1556）記述達伽馬等探險先驅開闢新天地的英勇事蹟）的遺骸。別於需購票入場的修道院，聖瑪利亞教堂爲免費開放，遊客也可從修道院迴廊二樓的穿堂，進入聖瑪利亞教堂二樓唱詩班的專用平台，俯瞰整座教堂及兩側精緻的彩繪玻璃。

海軍博物館

聖瑪利亞教堂

INFO

國家考古博物館

🏠 Praça do Império

📞 +351 21 362 0025

🕐 10:00 ～ 18:00（周一休）

💻 museuarqueologia.pt

🔍 成立於 20 世紀初，收藏並展示來自葡萄牙各地的考古文物，時間可追溯自舊石器時代，藏品包括新石器時代岩畫、埃及殯葬面具、青銅器、羅馬金幣、雕塑等

海軍博物館

🏠 Praça do Império

📞 +351 21 097 7388

🕐 5 至 9 月 10:00 ～ 18:00；10 月至隔年 4 月 10:00 ～ 17:00（周一休）

💲 € 6.5　　💻 museu.marinha.pt

🔍 1962 年成立，展示與海洋（軍事、貿易、漁業、休閒）有關的船舶、儀器、雕刻、繪畫、武器、照片和文件，重現葡萄牙在地理大發現的全盛時代，館藏許多來自國王路易斯一世的收集，最引人矚目的文物為 18 世紀女王瑪麗亞一世（Maria I）曾搭乘的豪華遊艇

發現者紀念碑 Padrão dos Descobrimentos

航海時代點將錄

　　發現者紀念碑座落於熱羅尼莫斯修道院前方臨河處，由葡萄牙建築師 Cottinelli Telmo 設計、雕塑家 Leopoldo de Almeida 創作，1960 年為紀念航海家恩里克王子逝世 500 周年所建，屬現代古典主義，位置正是葡萄牙在地理大發現時代的出航

處。紀念碑高 56 公尺，是以船為發想的鋼筋混凝土結構建築，兩側上方皆刻有兩個葡萄牙方型盾徽，下方為以恩里克王子為首的 33 位航海時代的探險家、傳教師、詩人、科學家等，包括：達伽馬、詩人賈梅士、首名環航地球一周的歐洲人麥哲倫、將天主教傳播至亞洲的傳教士沙勿略、葡萄牙戰神阿方索、恩里克王子之母蘭卡斯特皇后等。紀念碑背向太加斯河一面則刻有一把巨劍，碑內設有多媒體展覽室與觀景台。

發現者紀念碑與巴西利亞大馬路（Av. Brasília）間的地面上有以大理石鋪成、直徑達 50 公尺的馬賽克航海羅盤，羅盤中央標示葡萄牙探險家在地理大發現時期「首航路線與抵達年分」的世界地圖。由鄰近的亞速爾群島、非洲西岸的維德角、非洲東岸島嶼馬達加斯加、印度洋上的錫蘭至南中國海的澳門、太平洋上的帛琉等，全球正因這群「發現者」產生連結。

INFO

發現者紀念碑
🏠 Av. Brasília   ☎ +351 21 303 1950
🕐 3 月至 9 月 10:00 ～ 19:00；10 月至隔年 2 月 10:00 ～ 18:00（周一休）
💲 € 4
★ 持里斯本卡折扣 30%
🚃 Belém 火車站以西 850 公尺、公車 15E、729 至 Mosteiro dos Jerónimos 站 600 公尺
🌐 padraodosdescobrimentos.pt

貝倫塔 Torre de Belém

探險家的勳章

　　地處貝倫港口的貝倫塔，1520 年建成，爲紀念達伽馬、佩德羅等發現新航路的功績及保護港口安全的五層防禦工事。貝倫塔由葡萄牙建築師 Francisco de Arruda 統籌設計，建材使用石灰石與大理石。貝倫塔屬曼努埃爾式風格，裝飾大量運用東方及伊斯蘭藝術元素的同時，也加入顯示國王聲威與大航海時代國力的象徵物，例如：渾天儀、耶穌十字、石繩環繞塔身等，而在崗哨亭底座下、已嚴重風化的非洲犀牛雕塑，更彰顯葡國航海家探索全球的成就。

　　隨著戰爭方式的改變，貝倫塔逐漸失去原有防禦功能，陸續轉作海關登記、電報台和燈塔，地下室的倉庫也曾是關押政治犯的監獄。

　　貝倫塔可分爲塔身、壁壘兩個區塊，穿過吊橋就是壁壘的內部，牆上 16 個砲位可供安裝武器，地面採中間高、邊緣低的設計，可快速排乾積水、保護大砲，中央

塔身裝飾象徵航海纜繩的石雕

嚴重風化的犀牛雕塑

的哥德式矩形天窗為通風口，地板下則是儲藏室。入口右側的陡峭樓梯可通向壁壘的多角形平台，平台上設置 6 座崗哨亭，亭上皆有瞭望窗和胡椒研磨器形狀的屋頂，南面可見一座暱稱為「葡萄牙處女」（Virgem das Uvas）的聖母聖嬰像（Nossa Senhora do Bom Sucesso）。

　　塔身入口位於壁壘平台上，屬中世紀傳統四角塔樓，正面以皇家符號與曼努埃爾式元素裝飾，內部由一至五層分別為總督房間、國王房間、觀眾房間、禮拜堂及露台。有趣的是，國王房間的地板上有 8 個圓孔，作用是當外敵入侵時可讓防守者往下倒沸油與扔石頭。

INFO

貝倫塔

🏠 Av. Brasília　　　　　📞 +351 21 362 0034
🕐 5 至 9 月 10:00 ～ 18:30；10 月至隔年 4 月 10:00 ～ 17:30
💲 € 6、貝倫塔＋熱羅尼莫斯修道院 € 12、貝倫塔＋修道院＋國家考古博物館 € 16
⭐ 持里斯本卡享免費入場
🚉 Belém 火車站以西 1.6 公里；公車 15E、729 至 Pedrouços 站 800 公尺
📍 torrebelem.pt

 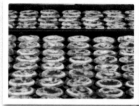 

美食

來到貝倫，必定得會會葡塔祖奶奶——貝倫烘焙坊，大啖新鮮出爐的燒燙燙蛋塔！經典下肚後，想吃正餐的朋友，這裡也有幾間評價頗佳的葡國家常菜餐館，店家雖不比市區目不暇給、花樣百出，倒也稱得上鹹甜俱全。

 ## 貝倫烘焙坊 Pastéis de Belém

Nata 開山祖師

千里迢迢來到葡萄牙，無論多不喜歡甜食的強硬派，都肯定會成為貝倫烘焙坊的「塔下之臣」，畢竟這兒可是鼎鼎大名葡式蛋塔祖師廟！據傳葡式蛋塔最初由熱羅尼莫斯修道院內的修女研發（除了蛋塔，葡國修院內還創造不少以蛋為材料的甜點，如耶穌枕頭、蛋黃糖等，許多隱修院亦靠販售糕點補貼生活費），1820 年修院關閉後配方流入民間，1837 年貝倫烘焙坊將其商品化並廣受歡迎，從此成為葡萄牙最具代表性的甜點。時至今日，貝倫烘焙坊已成里斯本的標誌性景點，創造日日門庭若市的「蛋塔奇蹟」！烘焙坊位於一棟三層建築物內，門面以藍白兩色搭配磁磚畫妝點，裝潢則屬同色系的優雅古典風格。店內分為內用及外

INFO

貝倫烘焙坊
🏠 Rua Belém 84-92   📞 +351 21 363 7423
🕐 08:00 ～ 23:00
💰 葡式蛋塔 € 1.05、Bica € 0.75、Galão € 1.2（人均：€ 5 ～ 10）
🚉 Belém 火車站西北 650 公尺；公車 15E、729 至 Mosteiro dos Jerónimos 站 150 公尺
🔍 熱羅尼莫斯修道院、貝倫宮
🌐 pasteisdebelem.pt

帶區，前者自行找到座位後（如人多仍需排隊候位），就有服務生過來點餐；後者需先在櫃檯排隊，輪到時直接選取點心結帳即可，由於兩者售價相同，建議在店內享用較佳。櫃檯後方的座位區十分寬敞，繞來繞去宛若大型迷宮，容納數個旅行團

依舊很有餘裕，一側還可隔著玻璃窗欣賞蛋塔製作過程。葡式蛋塔外皮層次分明，咬下時咖滋作響，口感如炸過般香脆，塔芯質地類似卡士達醬，呈現單純的奶油香氣。除此之外，店內還販售各式傳統鹹甜點心，基本上派塔類皆紮實醇厚，口味濃郁、無地雷。

 食

熱羅尼莫斯餐館 Os Jerónimos

賓至如家

與貝倫烘焙坊毗鄰而居的熱羅尼莫斯餐館，菜色以葡式料理為主，儘管菜單上的選項並不多，也沒有豪華大菜，但都是具有本地風味的家常菜。店家最擅長處理魚、蝦、蛤蜊等海鮮食材，門口的烤台可見廚師以長夾快速翻動各種鮮魚的忙碌身影，擺盤雖不若高級餐廳那般

講究，卻有另一番不受拘束的隨興自在。熱羅尼莫斯餐館的上菜速度頗快，服務人員熱情而有效率，見到猶豫不決的客人不僅當機立斷代勞點餐，還會附贈自信滿滿的宣言：「自己到廚房看看想吃什麼，如果不喜歡，我付錢！」

INFO

熱羅尼莫斯餐館

🏠 Rua Belém 74   📞 +351 21 363 8423

🕐 12:00 ～ 22:00

💲 前菜 € 7.2 起、主餐 € 11.5 起（人均：€ 20 ～ 30）

🚃 Belém 火車站西北 650 公尺；公車 15E、729 至 Mosteiro dos Jerónimos 站 150 公尺

其他區域

　　除了上述介紹的主要區域，里斯本市內及鄰近城鎮也有不少別具特色的景點，教堂、宮殿、公園、美術館、博物館、水道橋、文創園區等；旅客可斟酌喜好與時間，挑選感興趣的前往一遊。

 ## 4月25日大橋 Ponte 25 de Abril

師出同「門」

　　1966年通車的4月25日大橋是一座橫跨太加斯河的懸索橋，用以連接首都與阿爾馬達鎮，橋體全長近2.3公里、主塔高190公尺，上層有6線車道、下層爲雙軌鐵路。建橋的構想始於19世紀末，最終於1958年付諸實現，工程由美國鋼鐵公司爲首的財團承攬，鋼材均自美國進口，總工程款達3,200萬美元（約等於今日2.27億美元）。大橋不僅與舊金山金門大橋（Golden Gate Bridge，1937）造型相仿，也都漆上亮眼的國際橘色油漆，如此神似並非巧合，而是兩座橋爲同一家承包商建造，是名符其實的姊妹橋。

　　大橋最初定名薩拉查大橋（Ponte Salazar），名稱源自時任葡萄牙總理的極右派軍事獨裁者薩拉查（António de Oliveira Salazar，1889～1970）。1974年4月

INFO

4月25日大橋

🏠 里斯本與對岸阿爾馬達間

🚇 至里斯本端，Alcantara-Mar地鐵站西南550公尺；公車15E、201、714、727、732、751至Rua da Junqueira站550公尺

25 日，康乃馨革命（Carnation Revolution）推翻薩拉查建立、西歐爲期最長（42年）的獨裁政權，這座以薩拉查命名的橋梁除了移去他的銅像，亦更爲現名。

里斯本大耶穌像 Santuário Nacional de Cristo Rei
來自里約的觸發

提到巨型耶穌像，第一時間浮現腦海的多是位於巴西里約熱內盧、高38公尺的救世基督像（Cristo Redentor，1931），其實就在這座雕像問市後的28年，里斯本近郊阿爾馬達鎮也豎立一座型態相仿、目的在祈求世界和平的大耶穌像，祂的建造恰是來自里約基督像的觸發。里斯本大耶穌像位於海拔113公尺的阿爾瑪達（Almada）山頂，由葡萄牙建築師António Lino設計、雕塑家Francisco Franco創作，下層爲高75公尺的門型基座，上層是高28公尺、張開雙臂面向里斯本的耶穌石雕。

除了遠觀，也可由底座乘電梯至「耶穌腳下」，近距離感受祂的胸懷之餘，亦能從此俯瞰太加斯河、4月25日大橋與里斯本市區全景風光。

INFO

里斯本大耶穌像
- Av. Cristo Rei, Almada
- 09:30～18:30
- +351 21 275 1000
- 觀景台€5
- 自 Cais do Sodré 地鐵站旁的同名碼頭搭渡輪至阿爾馬達鎮的 Cacilhas，步行1分至同名地面地鐵站，再乘地鐵至 Almada 站，往西北步行15～20分可達；自 Cacilhas 碼頭搭乘 Tuk Tuk（一位€5）直達景點
- cristorei.pt

景 LX 文創工廠 LX Factory

老紡織廠的變身與新生

　　文創工廠位在 19 世紀葡萄牙製造工業區：阿爾坎塔拉（Alcântara）的核心地帶，前身是建於 1846 年的里斯本紡織廠總部，

隨著產業沒落，這裡一度成爲城市被遺忘的破舊角落。命運的轉折發生在 2008 年，總面積近 7,000 坪的廢棄工廠群在文創團隊的改造下，蛻變成豐富多元的創意園區，類型從音樂、建築、畫廊、攝影、前衛設計、藝術家工作坊到時尙小餐館、藝術書店、音樂廳、咖啡館、手作攤、有機農產應有盡有，令人感受傳統面貌下的新興能量。

　　格局方面，LX 保留原有工廠的舊時架構，僅修復危樓部分，廠區內的廢棄紡織機組與斑駁破敗牆面，紀錄不可磨滅的往日時光；而手繪的塗鴉風格壁畫，則爲空

INFO

LX 文創工廠

🏠 Rua Rodrigues de Faria 103　　　　　📞 +351 21 314 3399

🕐 10:00 ～ 23:00（各店不一）；慢慢讀周一 12:00 ～ 21:00、周二至周四 12:00 ～ 00:00、周五至周六 12:00 ～ 02:00、周日 11:00 ～ 21:00

🚆 Alcantara-Mar 火車站西北 750 公尺；公車 15E、201、714、727、732、742、751、756、760 至 Museu Carris 站（由海岸線轉入內陸後約 2 站）

📷 lxfactory.com

間增添不受拘束的新創氛圍。高五層的工廠本體周圍形成以文創爲軸心的商業聚落，其中以同樣位於 LX 文創工廠區域內一樓的書店「慢慢讀」（Ler Devagar）最受矚目。慢慢讀的建築也是由舊廠房改造而成，店內藏書豐富、涉獵廣泛，壯觀的整面書牆可謂最佳裝飾，樓上則是以舊印刷機爲素材發想的裝置藝術，步行其中猶如置身無涯書海。

此外，文創工廠每逢周日 10：00～19：00 還有以原創手作、復古二手、首飾配件、天然植物爲主的 LX 露天市集（LXMarket），商品種類包山包海，即使再無購物慾也很難不動心！

慢慢讀

 埃什特雷拉聖殿 Basílica da Estrela

女王「星」願

1760年，尚未成爲葡萄牙統治者的瑪麗亞一世與夫婿佩德羅三世（Pedro III）結婚，隔年長子若澤親王（José, Príncipe do Brasil）誕生，他倆起誓若兒子能繼承王位，就會修建一座教堂還願。

1777年，前任國王若澤一世病逝，由瑪麗亞與佩德羅共同繼位，眼見許願即將成眞，女王便下令修築聖殿，這就是埃什特雷拉聖殿（葡語意譯爲星星聖殿）的緣起。遺憾的是，就在聖殿完工前兩年（1788），27歲的若澤王子竟因天花早逝，接連遭逢丈

夫、長子去世的打擊，女王開始出現嚴重的精神疾患，進而失去處理國政的能力。1816年，在巴西里約逝世的瑪麗亞一世遺體被運回里斯本，長眠於自己一手建造的埃什特雷拉聖殿，她也是唯一未安葬於皇家先賢祠（城外聖文生教堂內）的布拉干薩王朝君主。

　　埃什特雷拉聖殿屬後期巴洛克與新古典主義風格，由葡萄牙建築師José da Costa e Silva、Reinaldo Manuel dos Santos等設計，立面兩側各有一座塔樓，裝飾聖經故事與聖人雕像。聖殿中央有座巨大穹頂，瑪麗亞一世的石棺位在右側耳堂（Transepto），地板與牆面則是以灰、黃、粉色大理石拼接的幾何圖案，堂內有多幅出色的聖經畫，以及知名雕塑家Joaquim Machado de Castro運用大量軟木與陶俑創作的耶穌誕生場景。

INFO

埃什特雷拉聖殿

🏠 Praça da Estrela
🕐 08:00～13:00、15:00～20:00
🚇 Rato 地鐵站西南 1.2 公里；公車 25E、28E、713、720、738、773、774 至 Estrela 站即達

📞 +351 21 396 0915
💲 免費

景 古爾本基安美術館 Museu Calouste Gulbenkian

富豪的遺產

開業於1969年的古爾本基安美術館，是以富商古爾本基安（Calouste Gulbenkian，1869～1955）的六千件藝術藏品為基礎創辦，為里斯本市內首屈一指的私人博物館。出身富裕商人家庭的古爾本基安堪稱人生勝利組，他透過當時新興的石油產業累積龐大

財富的同時，也是眼光精準的藝術愛好者與收藏家，藉由各種管道（透過中間商、向業主直接收購、拍賣會）累積收藏。

其中，1920年代末蘇聯政府為籌措建設資金而採取「蘇維埃出售冬宮畫」（Soviet sale of Hermitage paintings）的拍賣行動，更使古爾本基安的收藏質量獲得大幅提升，他最鍾愛的收藏：法國新古典主義雕塑家安東尼・烏敦（Jean-Antoine Houdon）的名作「Diana」也購自於此時。如同古爾本基安的名言

「only the best is good enough for me」，從古埃及黃金面具、希臘羅馬時期雕塑、中國陶瓷、伊斯蘭器皿到歐洲偉大畫家如林布蘭（雅典娜）、馬內（吹泡泡的男孩、手拿櫻桃的男孩）、米勒（彩虹、冬景）、雷諾瓦（正在讀《費加羅報》的莫內夫人）、莫內（維特尼流域塞納河解凍、靜物甜瓜）的畫作以及雕塑家卡爾波（Flora）、羅丹（永恆的春天、加萊義民）等的作品，造就古爾本基安美術館的世界級非凡地位。

INFO

古爾本基安美術館

🏠 Av. de Berna 45A　　　　　📞 +351 21 782 3000
🕐 10:00 ～ 18:00（周一休）
💲 創始人收藏＋現代收藏＋臨時展覽 € 14、創始人收藏＋現代收藏 € 10、臨時展覽 € 3 ～ 5（周日 14:00 後免費入場）
⭐ 持里斯本卡折扣 20%
🚇 São Sebastião 地鐵站以北 100 公尺　　　🌐 gulbenkian.pt

景 鬥牛場 Campo Pequeno

馬背上的決鬥

　　與西班牙相仿，葡萄牙的鬥牛史可追溯自 12 世紀殺牛祭神的宗教活動，後來逐漸演變為具娛樂性質的格鬥表演，目前主要盛行於葡國南部地區。別於西班牙一對一賭命式的血腥對決，葡萄牙的鬥牛士則是以騎馬方式應戰，由於牛角已被磨鈍（即使戳中也傷害較低）與茅刺長度縮短（刺進牛身僅造成皮肉傷），導致鬥牛與鬥士的攻擊性都不若西班牙那般「你死我活」，所以最終常是「牛受傷而保住性命、人獲喝采且全身而退」的雙贏局面。其實，葡萄牙鬥牛中的公牛之所以能免去一死，是源自國王米格爾一世（Miguel I）的善意，他認為致牛於死是不人道的行為，於是在 1828 至 1834 年統治期間頒布相關禁令。1892 年落成的鬥牛場，設計受到阿拉伯式建築的啟發，是一棟摩爾復興風格的磚造建物，場內有近 7,000 個座位、最多可容納約一萬人。除每年 4 月至 10 月的鬥牛比賽（平均每月 1 至 2 場），也有舉辦一系列的現場表演，其內還包括鬥牛場博物館、地下購物中心、畫廊、餐館和停車場。

INFO

鬥牛場

🏠 Campo Pequeno
📞 +351 21 799 8450
🕐 4 至 10 月 10:00 ～ 13:00、14:00 ～ 19:00；11 月至隔年 3 月 10:00 ～ 13:00、14:00 ～ 18:00（鬥牛日，競技場提早於 16:00 關閉、博物館延後營業至 20:00）
💲 博物館＋競技場 € 5、鬥牛表演 € 15 起
🚇 Campo Pequeno 地鐵站即達
🌐 campopequeno.com

Part 4

「葡」實小城
── 辛特拉＋奧比多斯 ＋埃武拉

Sintra,óbidos,Évora

　　名列世界文化遺產的辛特拉、奧比多斯與埃武拉，分別位於里斯本的西、北、東方，與首都相距不過數十至百餘公里，城鎮規模雖不大，卻完整保留葡萄牙的往日風華與人文底蘊，見證葡國乃至歐洲航海史的重要篇章。交通方面，由里斯本為中心放射狀的巴士、火車網絡皆十分便捷，班次密集、車程短，加上城內景點集中，近處步行可達、遠有公車接駁，對依靠大眾運輸的自助旅客格外便利。儘管一日逛完一座小城綽綽有餘，但若時間允許不妨留宿於此，愜意享受寧靜清雅的葡式舊時光。

辛特拉 Sintra

　　位於里斯本西方 30 公里的辛特拉（或譯仙達），名稱源於拉丁語的月神，是座氣候舒適、綠意盎然且富有魅力的古老城市，周遊歐洲的浪漫主義詩人拜倫（George Gordon Byron，1788～1824）便曾在成名作長篇敘事詩《恰爾德 · 哈羅爾德遊記》（Childe Harold's Pilgrimage，1812）稱讚她是人間伊甸園。15 至 19 世紀間，摩爾人城堡、辛特拉宮、佩納宮、蒙塞拉特宮與雷加萊拉莊園陸續建成，辛特拉遂成為葡萄牙皇室的夏宮所在，以及富豪實現天馬行空莊園夢的首選，1995 年更憑藉華麗豐富的歷史建築名列聯合國世界文化遺產，輔以鄰近「歐陸盡頭」羅卡角的地理優勢，使辛特拉旅遊發達終年不衰。

辛特拉觀光指南圖

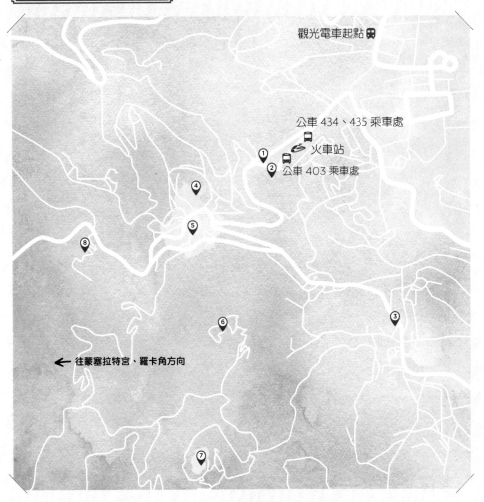

觀光電車起點 🚋

公車 434、435 乘車處
🚏 火車站
公車 403 乘車處

① ②

④

⑤

⑧

③

⑥

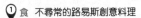

← 往蒙塞拉特宮、羅卡角方向

⑦

① 食 不尋常的路易斯創意料理

② 食 懷舊咖啡館

③ 食 瑙帕拉提餐廳

④ 景 辛特拉宮

⑤ 食 皮里基塔咖啡甜點店

⑥ 景 摩爾人城堡

⑦ 景 佩納宮

⑧ 景 雷加萊拉莊園

交通資訊
里斯本出發 / 市區移動

羅西歐火車站

里斯本出發
火車＋辛特拉一日交通卡

由里斯本前往辛特拉，可至城東的東方車站或羅西歐火車站（Estação de Caminhos de Ferro do Rossio，非同名地鐵站）搭乘專線火車 CP，後者因地處市中心、路線單純，最常為觀光客利用。連結羅西歐火車站與辛特拉的列車每 15 分一班，車程需 40 ～ 44 分（辛特拉為最後一站），單程車票€ 2.2（以自動售票機購票需選擇 Zone 4），站內也有販售火車＋巴士任意坐的「辛特拉一日交通卡」（Train & Bus 1 Day Travelcard Sintra Cascais）€ 15.5，車資儲值於綠底 Viva Viagem Card 內，可透過人工窗口或自動售票機購買。

羅西歐火車站售票處

整體而言，辛特拉一日交通卡絕對省事但不一定划算，以當日往返里斯本、遊覽辛特拉宮＋佩納宮＋摩爾人城堡為例，來回火車票€ 2.2×2 ＋公車 434 號循環線一日票€ 5.5 ＝總額€ 9.9 ＜一日交通卡€ 15.5，必須再加碼到羅卡角€ 6.5（€ 3.25×2）才能真正值回票價。

INFO

羅西歐火車站
- 羅西歐廣場（Praça do Rossio）旁、介於 Restauradores 與 Rossio 地鐵站間
- 火車站售票口不接受刷卡，購票時請備好足額現金

辛特拉一日交通卡
- € 15.5（€ 15 車資＋€ 0.5 購買 Viva Viagem Card 綠底空卡）
- 里斯本往來辛特拉的 CP 與辛特拉公車 SCOTTURB 當日無限次數搭乘
- 羅西歐火車站內自動售票機或人工窗口
- 辛特拉一日交通卡為綠底 Viva Viagem Card 儲值卡（里斯本地鐵站販售的為白底卡），無法將辛特拉一日交通卡的車資€ 15 加值於白底儲值卡內，必須另外花費€ 0.5 購買綠底卡

市區移動

徒步＋公車 434 ＋ 435 ＋ 403

　　辛特拉市區景點多可徒步前往，距離較遠的則有公車接駁，平均每 15 ～ 30 分鐘一班。辛特拉火車站（Sintra Estação）前有多班公車開往周邊景點，遊客最常利用的班次分別為循環線 434、435 與至羅卡角、卡斯凱什的 403。由於車行班距、發車時間會隨季節調整，出發前請至巴士官網 SCOTTURB 確認最新班表，或於當地公車服務處索取相關資料。

INFO

SCOTTURB

- scotturb.com
- 提供公車時刻表、互動式路線規劃、公車票價等資訊
- 位於辛特拉火車站斜對面（中國餐館大福樓隔壁），可於此購票、諮詢、索取「探索辛特拉」公車時刻與路線圖（含中文版）

434 ／ Circuito da Pena（佩納宮循環線）

- 09:15 ～ 19:50（班距：15 分）　　　一日票 € 5.5
- 辛特拉宮（Palácio Nacional de Sintra）、摩爾人城堡（Castelo dos Mouros）、佩納宮（Palácio da Pena）
- 434 公車亭位於火車站正門右轉處，跟隨人龍排隊等候。服務人員會沿著隊伍逐一售票以節省時間（亦可上車購票），使用辛特拉一日交通卡者則免購票

435 ／ Villa Express 4 Palácios（穿梭市區與 4 個宮殿）

- 09:40 ～ 18:45（班距：20 ～ 30 分）
- 單程 € 1.1、一日票 € 2.5（上車購票）
- 雷加萊拉莊園（Quinta da Regaleira）、蒙塞拉特宮（Palácio de Monserrate）
- 與 434 相同（搭車人數明顯少於 434，一般免排隊，直接到公車亭等候即可）

403 ／ Sintra Estação⇔Cascais Terminal（辛特拉火車站 ⇔ 卡斯凱什總站）

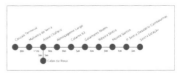

- Sintra Estação 出發 09:00 ～ 19:00（班距：30 ～ 60 分，06:25 ～ 07:45 不經羅卡角）
- € 3.25 起（上車購票）　　　羅卡角（Cabo da Roca）
- 羅卡角只有一處公車站，上下車均在同一位置，停靠羅卡角站的 403 有返回辛特拉與續行至卡斯凱什兩種，乘客可由車頭的電子面板確認車行方向
- 403 公車亭位於火車站正門左轉處，乘客一般較 434 少

除了單程、來回票，如果單日要跑 3 個以上景點，可考慮公車一日券（Turístico diário，不含往返里斯本的火車票）€ 12，而一日往返里斯本又安排 3 個以上景點的朋友，則以辛特拉一日交通卡€ 15.5 最合適。

觀光電車 Elétrico de Sintra
穿梭舊時光

除了名聲響亮的城堡，時間稍微寬裕的朋友也別錯過辛特拉另一項特色「觀光電車」，車廂採 1930 年代的復刻經典款，搖晃穿梭於新城區與海邊小鎮間，是世界遺產等級的電車路線。列車以辛特拉為起點北行，途經 Monte Santos、辛特拉河畔（Ribeira de Sintra）、Galamares、Colares 等站，部分路線與公車403重疊，終點為海灘度假村Praia das Maçãs，全長14公里、車程45分鐘。電車速度平緩，拂面微風、手搖鈴聲與輕微的搖晃感愜意舒適，彷彿穿越時光隧道。

INFO

觀光電車
- Sintra ⇔ Praia das Maçãs
- 辛特拉火車站東北 1 公里，近辛特拉電力博物館（Vila Alda - Casa do Eléctrico de Sintra）
- 辛特拉發車 10:20 ~ 17:45、Praia das Maçãs 發車 11:10 ~ 18:45（班距：15 分一班，淡旺季略有差異）
- € 3

景點

佩納宮購票處

火車站內旅客服務處

　　辛特拉景點除了單一門票，也推出聯合數個景點的聯票 Combinados ╱ Combined Tickets（持里斯本卡可再享折扣），組合多元、價位划算，適合造訪 2 個以上景點的旅客。只是，由於單一景點售票處不一定有販售聯票，為免麻煩建議一抵達辛特拉，直接在車站內的旅客服務處（ask me Sintra）選購。整體而言，一日跑 3、4 個景點已相當緊湊，建議斟酌個人喜好、停留時間與體力負荷再做安排取捨。

　　辛特拉周圍山路綿延曲折，經常得在上下坡會車與急轉彎，自駕者請有所準備，搭乘公車則需抓牢站穩、當心暈車。衣著方面，無論造訪季節為何，請務必攜帶具防風效果的外套與帽子，辛特拉從鎮內與郊區景點經常颳起超強陣風，其中羅卡角、摩爾人城堡、佩納宮更有連大人也站不住腳的懾人威力！

INFO ....

辛特拉旅客服務處
🏠 辛特拉火車站內
🕐 10:00 ～ 17:00（13:30 ～ 14:30 午休）
🔍 諮詢辛特拉觀光訊息、公車路線／班次及購買景點聯票
⭐ 聯票組合：佩納宮＋摩爾人城堡 or 蒙塞拉特宮 € 20.9、佩納宮＋辛特拉宮 22.8、摩爾人城堡＋辛特拉宮 € 17.1、佩納宮＋辛特拉宮＋摩爾人城堡 or 蒙塞拉特宮 € 30.08、佩納宮＋摩爾人城堡＋辛特拉宮＋蒙塞拉特宮 € 37.2

辛特拉園區（Parques de Suntra）
📍 parquesdesintra.pt
🔍 內含辛特拉宮、佩納宮、摩爾人城堡等區內的歷史建築資訊、線上購票（享 5%折扣）、行程計畫、交通導覽、免費 Wi-Fi、維修封閉、藝文表演等即時訊息

景 辛特拉宮 Palácio Nacional de Sintra

華麗一族

　15 世紀起，辛特拉宮就是葡萄牙歷代國王避暑的夏宮，建築主體完成於約翰一世在位期間，這位具有才智且仁慈善良的君主積極追求國家經濟發展，為葡萄牙日後的航海時代揭開序幕。

　目前，辛特拉宮為葡萄牙現存最完好的中世紀皇家宮殿，設計融合哥德式（高聳削瘦）、摩爾式（磁磚畫＋幾何裝飾）與曼努埃爾式（窗框細緻繁複＋運用大自然圖像）風格，步入宮殿彷彿穿越葡萄牙百年藝文軌跡。

　　辛特拉宮遠看簡約無華、內觀富麗堂皇，尤以巧奪天工的細緻磁磚畫爲主要看點，從招待貴賓的喜鵲廳（Magpie Room，天花板彩繪 136 隻喜鵲）、繪製 27 隻貴氣天鵝（脖上戴著倒置皇冠）的天鵝廳（Swan Hall）到表現葡萄牙海權大國輝煌氣勢的紋章展示廳（Blazons Hall，頂棚繪有皇室與貴族紋章，牆壁貼滿以貴族打獵爲主題的磁磚畫），在在彰顯皇室生活的豪奢與講究。至於靠近出口處的御膳房，不僅擺有形狀各異、紅銅鑄造的繽紛鍋具，中央爐灶上方有兩座高達 33 公尺、狀似雪糕筒的倒三角形白色煙囱，更是一口氣可款待上千位貴賓的國宴級陣仗。

INFO

辛特拉宮
🏠 Largo Rainha Dona Amélia
📞 +351 21 923 7300
🕐 6 至 10 月 09:30 ～ 19:00；11 月至隔年 5 月 10:00 ～ 17:00
💲 € 10
⭐ 線上購票折扣 5%、持里斯本卡折扣 10%
🚌 辛特拉火車站以西 750 公尺；公車 434、435
　　至 Palácio Nacional de Sintra 站，車程 5 分

佩納宮 Palácio da Pena

國王好夢幻

　　作為辛特拉最受矚目的世界遺產建築，繽紛鮮豔、風格混搭（哥德式＋文藝復興式＋摩爾式＋曼努埃爾式）的佩納宮絕對當之無愧，這座堪稱比迪士尼動畫更夢幻的超現實城堡，是藝術家國王費爾南多二世（Fernando II）的心血結晶。

　　佩納宮由德國建築師兼旅行家馮埃施韋格（Wilhelm Ludwig von Eschwege）負責實際施作，耗時多年才告完成，宮殿外觀以鮮豔的銘黃、磚紅與藍灰色為主體，再輔以細膩雕飾，不僅體現費爾南多熱衷藝術（本身是水彩畫家）與接受自由主義

薰陶的個性，亦造就了 19 世紀最具代表性、可與德國新天鵝堡相媲美的浪漫主義建築。

除了驚嘆連連外部造型，殿內同樣使人大開眼界，美輪美奐的豪華飯廳、精雕細琢的純白接待廳、華麗奪目的大廳、哥德式風貌的聖母佩納修道院禮拜堂等，各廳堂結合多種藝術風格，獨特卻不衝突地表現具有皇家風範的恢弘氣勢。結束遊覽前，記得到佩納宮的銘黃色拱門旁向外眺望，宛若小長城的摩爾人城堡近在咫尺，遠處一側是辛特拉小鎮全貌、另一側則是遼闊的大西洋，皇家級美景盡入眼簾。

INFO

佩納宮

- 🏠 Estrada da Pena
- ☎ +351 21 923 7300
- 🕐 6 至 10 月公園 09:30 ～ 20:00、皇宮 09:45 ～ 19:00；11 月至隔年 5 月 10:00 ～ 17:00
- 💲 公園 € 7.5、公園＋皇宮 € 14、公園＋皇宮 Happy Hour 優惠時間（09:00 ～ 10:30）€ 13
- ⭐ 線上購票折扣 5%、持里斯本卡折扣 € 2
- 🚌 公車 434 至 Palácio da Pena 站，行駛 14 公里，車程 25 分；辛特拉火車站西南 2.8 公里
- 🔖 公車僅能抵達佩納宮的山腳下，需爬近 10 分鐘的上坡才能到達門口，也有付費接駁車 € 3 穿梭其間

摩爾人城堡 Castelo dos Mouros

萬里長城迷你版

地處辛特拉山頂的摩爾人城堡，爲 8 至 12 世紀征服伊比利半島的摩爾人所建，是今日歐洲少見的摩爾式建築城堡。歷經千年風霜，守護城池的圍牆部分頹圮坍塌、部分隱沒在鬱鬱樹林中，摩爾人城堡在保存原有景觀的前提下，採取適當維護而非復刻重建的展覽方式，對比光鮮亮麗的佩納宮，另有一番使人敬畏的厚重歷史感。

城堡制高點爲費爾南多二世最喜歡的皇家城樓（Royal Tower），他經常在此眺望一手擘劃的佩納宮，並尋找新的創作靈感。如果時間允許，不妨撥出 40 分鐘沿著圍牆環繞一圈，親身感受它不遜於中國萬里長城的雄偉震懾力，以及可將人吹跑的強勁山風。

INFO

摩爾人城堡
- Castelo dos Mouros 2710
- +351 21 923 7300
- 6 至 10 月 09:30 ～ 20:00；11 月至隔年 5 月 10:00 ～ 18:00
- € 8
- 線上購票折扣 5%
- 公車 434 至 Castelo dos Mouros 站，行駛 9 公里，車程 20 分
- 摩爾人城堡與佩納宮位置相近、步行可達

景 雷加萊拉莊園 Quinta da Regaleira

收藏家的祕密宮殿

　　雷加萊拉莊園是一座融合符號學、意識形態、神祕主義與多元建築風格（哥德式、羅馬式、文藝復興及曼努埃爾式）的「迷幻宮」，由雷加萊拉宮（含地下室共五層）、小堂（羅馬天主教小聖堂，內部裝飾豐富壁畫、花窗玻璃）與豪華公園（內含噴泉、湖泊、洞穴、中西庭園造景等）共三大部分組成。莊園首位主人是繼承家族龐大遺產的收藏家與昆蟲學者蒙泰羅（António Augusto Carvalho Monteiro，1848 ～ 1920），在他主導下，義大利建築師路易吉（Luigi Manini）將這裡建成撲朔迷離、風格強烈的神奇莊園，因此又被稱作「百萬富翁蒙泰羅的宮殿」。

　　作為貓途鷹評價第一的辛特拉景點，雷加萊拉莊園憑藉的不只是精緻雕琢的雄偉建築，更在花木扶疏且處處是祕徑的龐大公園，即使手持園區地圖，一不注意仍會

迷失其中。公園最大看點是深達 27 公尺的神祕井「The Initiation Well」，這座隱身山坡的塔型建築，從外只能見到入口，全然看不出內部構造，但只要隨著迴旋樓梯往下便發現別有洞天，一圈一圈變幻莫測的驚喜感，彷彿整座雷加萊拉莊園的縮影。

INFO ....

雷加萊拉莊園

🏠 Rua Barbosa do Bocage 5　　　　　　📠 +351 21 910 6650

🕐 4 至 9 月 10:00 ～ 20:00；10 月與隔年 2、3 月 10:00 ～ 18:30；11 月至隔年 1 月 10:00 ～ 17:30

💲 € 6（未和辛特拉其他景區推出聯票，必須單獨購買）　　⭐ 持里斯本卡折扣 20%

🚌 公車 435 至 Quinta da Regaleira 站，行駛 5 公里，車程 8 分；辛特拉火車站以西 1.4 公里

🖊 莊園的售票與入口處更靠近下一站色提業宮（Palácio de Setesis），於該站下車後沿下坡走即達，若於 Quinta da Regaleira 站（莊園出口處）下車，則需往上坡爬約 250 公尺；莊園內路線複雜，記得於售票處索取地圖

🌐 regaleira.pt

景 蒙塞拉特宮 Palácio de Monserrate

雕花好「蒙」！

以蒙古紋飾雕花與藝術花園造景聞名的蒙塞拉特宮，是辛特拉浪漫主義建築代表，宮殿建於 1858 年，儘管業主庫克爵士（Sir Francis Cook）與建築師小詹姆斯（James Knowles Jr.）都出身英國，設計卻是以印度、蒙古、摩爾、阿拉伯等東方元素為發想，典雅高貴的宮殿、優美如幻的迴廊、精工繁複的雕花，處處洋溢異國情調。

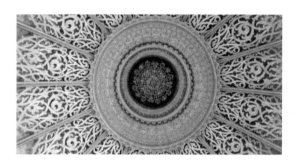

除建築本體使人眼睛一亮，蒙塞拉特宮的花園同樣讓人印象深刻，從一望無際的草原、植物茂密的森林到周圍悉心栽植的奇花異草，在在體現豪門宅邸的講究與細膩。

INFO ┄┄┄┄┄┄┄┄┄┄┄┄┄┄┄┄┄┄

蒙塞拉特宮

🏠 Rua Visc. de Monserrate
📞 +351 21 923 7300
🕐 6 至 10 月公園 09:30 ～ 20:00、皇宮 09:30 ～ 19:00；
11 月至隔年 5 月 10:00 ～ 17:00
💲 € 8
⭐ 線上購票折扣 5%、持里斯本卡享免費入園
🚌 公車 435 至 Palácio de Monserrate 站，行駛 11 公里，車程 13 分
📝 宮殿占地廣大，除了徒步遊覽，也可搭乘每位 € 2.5 的太陽能遊園車

景 羅卡角 Cabo da Roca

天涯海角

　　羅卡角位於西經 9 度 30 分、北緯 38 度 47 分，爲葡萄牙乃至整個歐洲大陸的最西端，這座海拔 140 公尺的山崖上建有一座燈塔與一個面向大西洋的石碑，碑上刻著葡萄牙文學家賈梅士（Luís Vaz de Camões）的名句「Aqui, onde a terra se acaba e o mar começa（陸止於此，海始於斯）」。

　　羅卡角公車站旁的遊客服務處（turismo，其內不可拍照），除了提供旅遊資訊、洗手間（一次€ 0.5）等服務，也販售兩款「○○駕臨歐洲大陸最西端」花體字樣的證書€ 11，旅客只需選擇款式、塡妥英文名字（可容納兩人姓名），1 分鐘就可獲得現場手寫的氣派證書。另外提醒，由於羅卡角屬於海陸交會的海岬地形，景致波瀾壯闊、風勢迅猛強勁，帽子圍巾務必穿妥拉緊，拍照時要站穩腳步、注意安全。

INFO ....

羅卡角

🏠 Estrada do Cabo da Roca s/n　　　　　📞 +351 21 928 0081
🕐 全天　　　　　　　　　　　　　　　　💲 免費
🚌 公車 403 至 Cabo da Roca 站，由辛特拉火車站行駛 37 公里，車程 50 分；由卡斯凱什總站行駛 22 公里，車程 30 分
🔑 辛特拉至羅卡角的 403 號公車，一半會直接折返回辛特拉、一半繼續行至卡斯凱什，兩種班次輪流運行。計畫當日往返里斯本的旅客，可在羅卡角欣賞夕陽後，乘 403 至卡斯凱什，再搭乘火車回里斯本（車程 40 分，至 Cais do Sodré 火車站），如此比從辛特拉火車站出發節省 20 分鐘車程，也可順道一遊海濱度假勝地卡斯凱什

美食

辛特拉的海鮮料理豐富多樣，偏好使用橄欖油、大蒜、番茄、香草等調味，也常以地瓜作為配菜或主食，各餐館都能嘗到以章魚、蝦、墨魚、馬介休、貝類等烹調的傳統葡萄牙菜。除了正式的全套料理，咖啡館精心製作的大分量三明治和帕尼尼也值得一試，新鮮可口又有飽足感。至於飯後甜點，別錯過辛特拉的名物：酥皮枕頭（Travesseiro），溫熱脆甜的複合滋味讓人一試上癮，與苦香四溢的 Bica 堪稱完美組合。

 ## 瑙帕拉提餐廳 Nau Palatina

零負評南歐晚餐

距離車站 1.3 公里的瑙帕拉提餐廳，雖然位置稍偏、座位有限（最多容納 20 位）、裝潢簡約，卻是辛特拉評價 No.1 的南歐家常餐館。在這裡，可以合理的價位品嘗別緻的葡萄牙傳統菜式與新式料理，前菜推薦發想自中國茶葉蛋的香料風味茶蛋（Ovos de Chà）€ 1.5、煙燻火腿與羊乳酪佐橄欖油（Presunto com Queijo Cabra e Pasta de Azeitona），海鮮以橄欖油炒蒜

頭蝦（Camarão Selvagens à Nau）€ 11.9、百里香章魚片（Polvo assado com Tomilho）€ 9.9 最受稱讚。餐館風格溫馨舒適、服務親切熱情，知識淵博的老闆很樂於分享葡國菜的歷史典故，菜單上備有英文簡介，只需使出一指神功就可順利點餐。最後，餐館只限晚間營業且經常客滿，不妨先透過貓途鷹（開放 5 天內訂位）線上預約。

INFO

瑠帕拉提餐廳

🏠 Calcada de Sao Pedro 18　　📞 +351 21 924 0962
🕐 周三至周六 18:00 ～ 00:00、周日 15:00 ～ 21:30（周一、二休）
💲 前菜 € 1.5 起、主菜 € 7.9 起、
　 紅酒 € 2 ／杯（人均：€ 20 ～ 30）
🚇 辛特拉火車站以南 1.3 公里
📷 facebook.com/BarNauPalatina

🍴 **懷舊咖啡館 Café Saudade**

難以置信的醒神 Brunch

　座落於老公寓一樓的懷舊咖啡館，鄰近辛特拉火車站，裝潢在保留原格局的前提下加以活化，店內氣氛輕鬆自在、店員俐落友善、食物 CP 值高，用餐小憩兩相宜。咖啡館供應的早午餐豐盛非常、處處用心，新鮮麵包、司康、檸檬汁至優格水果杯、咖啡均屬上乘，而品名中同樣有「omega3」字樣的燻鮭魚三明治 € 5.95 與煎鮭魚帕尼尼 € 6.95 料多清爽，更贏得一面倒的讚賞，是不容錯過的大分量美味。咖啡館幾乎無可挑剔，唯一缺點是桌面小，一人一組套餐就感到擁擠。

INFO

懷舊咖啡館

🏠 Avenida Doutor Miguel Bombarda 6
📞 +351 21 242 8804　　　　🕐 08:30 ～ 20:00
💲 Espresso € 0.7、檸檬汁 € 1.95、三明治 € 4.5 起、帕尼尼
　 € 5.5 起（人均：€ 10 ～ 20）
🚇 辛特拉火車站以西 180 公尺
📷 facebook.com/CafeSaudade

不尋常的路易斯創意料理 Incomum by Luis Santos

貴有所值

　　火車站附近的路易斯創意料理，是很受當地人支持的葡萄牙菜創意餐館，主廚 Luis Santos 在傳統料理的基礎上加以變化，創造出豐富驚喜的味蕾體驗。餐館用料新鮮、服務周到，不僅義式燴飯、起司蛋糕、海鮮料理備受推崇，亦奉上目不暇給的酒單供食客挑選，造就愉悅豐盛的葡式饗宴。貼心的是，餐館在周間（周一至周五）的 12：00 ～ 15：00 推出超值午間套餐，只需€ 9.5 就能愜意地品嘗整套料理，享受以小鎮風光佐美酒佳餚的優雅一刻。

INFO

不尋常的路易斯創意料理
🏠 Rua Doutor Alfredo Costa 22　　　　　📞 +351 21 924 3719
🕐 12:00 ～ 24:00（周六 16:30 ～ 24:00）
💲 午間套餐€ 9.5（含湯或沙拉、酒精或軟性飲料四選一、四主菜任選一、甜點）、黑松露蘆筍起司義大利燴飯（risotto de espargos c/queijo ilha e perfume de trufas）€ 14.5、餐後咖啡€ 1.2（人均：€ 15 ～ 30）
🚆 辛特拉火車站以北 180 公尺　　　　🌐 incomumbyluissantos.pt/pt

 皮里基塔咖啡甜點店 Piriquita II ／ Casa Piriquita

甜的好！

　　開業於 1862 年的皮里基塔，為辛特拉首屈一指的老牌甜點店，除了名氣響亮的葡式蛋塔，更別錯過當地的傳統甜點酥皮枕頭！Travesseiro 葡文意譯為枕頭，其實是灑滿糖霜的熱千層酥捲，外酥內軟口感極佳，嗜甜食者肯定為之瘋狂。除此之外，簡單樸質的玻璃甜點櫃內也是臥虎藏龍，胃有餘力者不妨試試其他模樣誘人的葡萄牙傳統點心，盡情沉溺在終身難忘的螞蟻「甜」堂！

INFO

皮里基塔咖啡甜點店
🏠 Rua das Padarias 18
📞 +351 21 923 0626
🕐 08:30 ～ 20:00（周二休）
💲 Espresso € 0.7、酥皮枕頭€ 1.4、葡式蛋塔€ 1.2、肉桂塔（Queijada）€ 0.9（人均：€ 2 ～ 5）
🚆 辛特拉火車站以西 800 公尺、辛特拉宮以南 150 公尺
🍴 用餐時間擁擠，需自行由「分號碼機」取票候號

奧比多斯 Óbidos

「喜歡嗎？老公送給妳！」1282 年，新婚的葡萄牙皇后伊莎貝爾（Isabel de Aragão）來到奧比多斯，一眼就愛上這顆「鑲在大西洋岸邊的珍珠」，二十出頭的年輕國王迪尼什一世（Diniz I）見她如此著迷，便豪氣將城堡當作結婚禮物送給另一半。

此後，歷屆國王比照辦理，奧比多斯便成為浪漫幸福、與世無爭的白色婚禮之城。作為葡萄牙的最美小鎮，位於里斯本北方 85 公里的奧比多斯，總吸引絡繹不絕的觀光人潮。幸運的是，小鎮雖然商業活動蓬勃，卻無損她質樸純潔的本質。從城外的羅馬時期水道橋、摩爾人建造的石砌城牆到隨處可見的磁磚畫與教堂，奧比多斯不只保有葡萄牙的輝煌過往，更蘊含積累千年的宗教薰陶與人文素養。

奧比多斯觀光指南圖

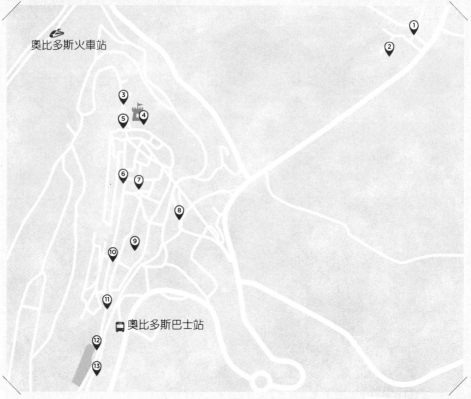

奧比多斯火車站

① 食 石先生咖啡吧

② 景 主耶穌石聖殿

③ 景 聖誕村

④ 景 奧比多斯城堡

⑤ 景 聖雅各教堂

⑥ 食 卡皮涅家庭麵包坊

⑦ 景 聖瑪利亞教堂＋恥辱柱

⑧ 食 拉米羅的新家

⑨ 食 12月1日咖啡餐館

⑩ 景 酒窖二手書屋

⑪ 景 波爾塔城門

⑫ 景 聖若翰洗者教堂

⑬ [i] 旅客服務處

奧比多斯巴士站

交通資訊

里斯本出發／市區移動

里斯本出發

長途巴士

　　由里斯本前往奧比多斯，有巴士與火車兩種方式，前者以速度快、班次多、免轉車、直達景點（下車處爬上階梯就是城南的波爾塔城門）全面勝出。一般而言，不少遊客會選擇當日往返里斯本，回程時只需到下車處對面的公車亭等候回里斯本的同路線巴士即可。

　　Lisboa ⇔ Óbidos 的巴士路線是由 TEJO BUS 經營，路線名稱爲 rápida verde（綠線快速），單程票 € 7.7，可於上車後向司機購買，車程 65 ～ 75 分鐘。里斯本出發的行經車站依序是「Lisboa（Campo Grande 地鐵站）→ Bombarral → Óbidos → Caldas da Rainha」，Óbidos 與前一站 Bombarral（地方轉運站）約有 10 ～ 15 的時間差。

奧比多斯長途巴士乘車處（返回里斯本方向）

往返奧比多斯的過程中，最常發生的問題環節就是找不到位在里斯本 Campo Grande 地鐵站附近的 rápida verde 乘車處，因為它並未設在乍看車潮洶湧的巴士總站（由奧比多斯返回里斯本的下車處則是在此），而是獨立於地鐵站一側的 Rua Actor António Silva 上。

里斯本 Campo Grande 地鐵站

為免去走冤枉路的麻煩，請依循下列指示前往：

1. Campo Grande 地鐵站有前後兩門，請選可見手扶梯及樓梯的後門（前門則會看到許多巴士停靠的車站）。

2. 出後門、左轉下樓梯（或搭正前方的手扶梯下樓後再往左）。

3. 視野正前方不遠處就是停靠 rápida verde 長途巴士的車站（巴士一般於發車前 10 分鐘到達）。

4. 過馬路即達。

里斯本 Campo Grande 地鐵站後門手扶梯

下樓梯直走過馬路即為乘車處

rápida verde 長途巴士的里斯本車站

INFO

rápida verde（綠線快速）時刻表

🕐 平日：Lisboa 發 07:00 ～ 00:30、Caldas da Rainha 發 05:30 ～ 22:30。假日：Lisboa 發 07:30 ～ 23:00、Caldas da Rainha 發 06:00 ～ 21:30。班距：平日每 15 ～ 30 分、假日每 1.5 ～ 2 小時

🌐 rodotejo.pt/wp-content/uploads/rapida_linha_verde.pdf

🚌 里斯本往奧比多斯的班次常為整點、半點發車；由奧比多斯返里斯本的班次則多是 0 點 15 分到站；車上提供免費 Wi-Fi

TEJO 里斯本車站

🕐 Rua Actor António Silva 5

🚇 Campo Grande 地鐵站旁

市區移動

徒步

　　奧比多斯的巷弄處處精緻可愛，步行是最棒的參觀方式，徹底走完整個小鎮約需
2 小時（不含用餐時間）。觀光客（無論搭乘長途巴士或自行開車）多是由南側的
波爾塔城門進入，再順著貫穿小鎮的石板路「直街」（Rua Direita）輕鬆遊覽，鎮
內路線單純、毋須擔心迷路。

奧比多斯旅客服務處

　　城堡、教堂、水道橋……奧比多斯是一座小巧美麗且富有歷史的小鎮，周圍有古城牆圍繞，街道由鵝卵石鋪成，白牆紅瓦的房屋裝飾著鮮亮的藍與黃色，漫遊其中彷彿置身童話世界。

　　鎮內主要街道摩肩擦踵、紀念品目不暇給，觀光客為古鎮注入商業活力，但只要轉個彎，又變回與世無爭的南歐小鎮，遇見清幽寧靜的巷弄與慵懶理毛的自在貓。

 INFO

奧比多斯旅遊網 GO ÓBIDOS
- obidos.pt
- 提供奧比多斯的旅遊導覽、觀光活動（3～4月巧克力節、7～8月中世紀博覽會、聖誕節等）、客製行程等相關資訊

奧比多斯旅客服務處 Posto de Turismo de Óbidos
- 奧比多斯南側、停車場旁
- +351 26 295 9231
- 5 至 9 月 09:30 ～ 19:30、10 月 至 隔 年 4 月 09:30 ～ 18:00（周 末 假 日 09:30 ～ 12:30、13:30 ～ 17:30）

景 奧比多斯城堡 Castelo de Óbidos

住在城堡裡

　　「Óbidos」在拉丁語為堡壘之意，人類在此居住的歷史可追溯自史前時期，後歷經羅馬、西哥德與信奉伊斯蘭教的摩爾人統治，圍繞奧比多斯的城牆仍可見摩爾人的建築風格，與辛特拉的摩爾人城堡型態相仿。

　　城牆高 13 公尺、總長 1,565 公尺，走完一圈約 40

分鐘，免費開放攀登參觀，可居高臨下眺望全鎮景致。需注意的是，城牆上的走道均寬約1.2公尺，僅可供兩人擦肩而過，加上側風強且無欄杆，行走拍照時務必留意腳步。

1148年，國王阿方索一世將摩爾人驅逐、建立葡萄牙王國，期間曾對奧比多斯城堡進行多次的修復與擴展。16世紀初，坐享葡萄牙航海事業豐碩成果的曼努埃爾一世，將城堡改造成曼努埃爾風格的美麗宮殿，建築大量運用自然及海洋圖像，扭轉造型的圓柱、國王紋章與雕飾複雜且精緻的窗框，造就不可一世的奢華盛景。1755年，城堡因里斯本大地震嚴重損壞而一度荒廢，至上世紀中才以國營旅館：奧比多斯城堡望廈賓館（Pousada Castelo de Óbidos）之姿重返世人目光。若預算許允不妨提早預訂，即可入住名列葡萄牙七大奇蹟之一的奧比多斯城堡。

奧比多斯城堡望廈賓館

INFO

奧比多斯城堡望廈賓館

🏠 Paço Real
🕐 入住14:00後、退房12:00前
📱 Booking.com、Hotels.com
📞 +351 28 224 0001
💲 城堡€200起（含歐陸式自助早餐）

🔍 望廈賓館共17間客房，設有電梯，分處新翼樓與城堡兩處，後者雖然價位稍高，但房間內石牆、四柱床與吊燈等洋溢中古歐洲風情，貴有所值。賓館名稱中的「pousada」在葡文裡有「一個神聖的休息地方」的意涵，曾為葡萄牙殖民地的澳門也有一間頗負盛名的望廈迎賓館（Pousada de Mong-Ha）

景 奧比多斯中世紀市場 Mercado Medieval de Óbidos

夏季限定 Cosplay

每逢7月中旬至8月上旬，奧比多斯便會舉辦以中古世紀為主題的大型Cosplay活動，不僅居民穿著中世紀服裝，也會有穿著盔甲的武士與各種中世紀風格的攤位。

手作職人以傳統方式重現泥塑、製鞋、紡織、冶鐵、雕刻等工藝，同時也有雜耍、射弩、魔術、摔角、舞台劇等豐富表演，遊客也可在此品嘗以百年前手法烹調的中世紀美食，歷經從視覺、嗅覺到味覺的全方位穿梭之旅。

如非在夏季造訪奧比多斯，則可至位於奧比多斯城堡、聖雅各教堂旁的聖誕村（Vila Natal）逛逛，其內置放許多舉辦中世紀活動時的軟硬體設施，無活動期間亦對外開放。

奧比多斯中世紀市場

Ⓒ 每年7月中旬至8月上旬（詳情參閱官網）
Ⓢ 活動期間€ 7、租借中世紀服裝€ 5
Ⓞ mercadomedievalobidos.pt

facebook.com/mercado
medievalobidos

聖雅各教堂 Igreja de São Tiago

震後重生

聖雅各教堂毗鄰城牆，屬巴洛克式與新古典主義風格，最早建於 1186 年、桑喬一世（Sancho I）在位時期，後來徹底毀於里斯本大地震，目前建築為 1772 年重建。聖雅各教堂在「古蹟活化」的概念下，轉型為兼具圖書館、電影放映室、研討會、藝術展覽的聖雅各書店（Livraria de Santiago），木質書架、迴旋樓梯、皮質沙發與百年歷史的教堂文物毫無違和感，為鎮上的藝文中心。

INFO

聖雅各教堂

🏠 Largo de São Tiago do Castelo
📞 +351 26 210 3180
🕐 周日至四 10:00 ～ 19:00、周五、六 10:00 ～ 21:00
💲 免費
👍 facebook.com/VLObidos

聖瑪利亞教堂 Igreja de Santa Maria ＋
恥辱柱 Pelourinho de Óbidos

愛與誓約

聖瑪利亞教堂是奧比多斯的信仰中心，初建於 12 世紀，經過幾世紀的重整與修繕，教堂內呈現曼努埃爾、文藝復興、矯飾主義與巴洛克式等各歷史時期的藝術特

恥辱柱

徵。教堂的天花板與牆壁皆以精緻美觀的磁磚畫裝飾，主祭壇則採金色爲主體的巴洛克式風格，精雕細琢之餘亦不失莊嚴神聖，祭壇中央爲聖母升天像，畫作則是17世紀葡萄牙女性畫家約瑟法（Josefa de Óbidos）創作的耶穌降生圖。1448年，時年16歲的葡萄牙國王阿方索五世（Afonso V）與小兩個月的表妹伊莎貝拉（Isabel de Avis）在此成婚，這場皇室婚禮不僅令聖瑪利亞教堂名聲響亮，更奠定奧比多斯「婚禮之城」的幸福形象。

　　聖瑪利亞教堂對面有一支立於15世紀、曼努埃爾風格的恥辱柱，花崗岩材質的柱上裝飾有漁網形圖樣，是葡萄牙國王約翰二世（João II）與妻子萊昂諾爾（Leonor de Avis）爲悼念溺水身亡的年輕王子阿方索（Afonso）與捨身相救的漁夫而建。

　　之後，石柱一度成爲固定與展示套上木枷刑具犯人的地點，這種等同遊街示眾的羞辱懲罰，便是恥辱柱名稱的由來。

INFO

聖瑪利亞教堂
🏠 Praça de Santa Maria
🕐 09:30 ～ 12:30、14:30 ～ 19:00
💲 免費
🔍 鄰近奧比多斯市立博物館
　（Museu Municipal de Óbidos）

景 酒窖二手書屋 Livraria da Adega, Vila Literária de Óbidos

心靈雞湯＋體內環保

位於鎮內主要街道旁的酒窖二手書屋，是一間別出心裁的複合式商店，不只陳設與販售大量書籍，也兼賣蔬菜水果與紅白酒、橄欖油、罐頭等。

環繞書店的三面牆滿是以葡萄酒木箱堆砌而成的書架，上面陳列各種類型、或新或舊的葡文書籍，玻璃桌面與圓凳上也堆放著一疊疊的書，就像到一位藏書豐富的嬉皮家參觀一般，店內氣氛就和店主一樣，隨興自在、瀟灑有型。

INFO

酒窖二手書屋
🏠 Rua da Porta da Vila
📞 +351 93 907 9697
🕐 10:00 ～
　　19:00（周
　　一～周三休）

波爾塔城門 Porta da Vila ＋奧比多斯鎮 Óbidos Village

中世紀露天博物館

　　波爾塔城門位於城南，是進出奧比多斯的主要入口，城門採用阻止敵人入侵的雙重式設計。拱門上的搶眼磁磚畫完成於 18 世紀，用以紀念過往的偉大戰役，穿過城門就是通往鎮內主要街道。

　　奧比多斯城區基本保持中世紀以降的面貌，古蹟得到相當程度的維護與運用，是難得眞實生活與觀光發展兼備的古鎮。團體客多於午前蜂擁而至、晚餐前乘車離開，自助客或可安排留宿一晚，悠然享受人潮漸散的傍晚時光。

 聖若翰洗者教堂 Igreja de São João Baptista

王后的善念

INFO

聖若翰洗者教堂
🏠 Rua da Porta da Vila（波爾塔城門外、旅客服務處斜對面）
🕐 10:00 ～ 13:00、14:00 ～ 18:00（周一休）
💲 免費

　　國王迪尼什一世的妻子伊莎貝爾是位信仰虔誠、救苦助貧的慈善王后，去世後更被封爲聖人：葡萄牙聖伊莎貝爾（Santa Isabel de Portugal）。1309 年，她下令建造一處專責照護痲瘋病人的機構，這即是聖若翰洗者教堂的緣起。

　　此後，里斯本大地震對教堂造成相當程度的破壞，受損的鐘樓與聖壇在重建時便改採當時主流的洛可可風格，今日所見則經歷物業整合與多次修繕後的結果，現爲免費開放的教區博物館（Museu Paroquial），內保有教堂主祭壇並展示一輛黃金馬車。

景 奧比多斯水道橋 Aqueduto de Óbidos

女王的善意

水道橋又稱渡槽，指運送水跨越溪谷、窪地與道路的高架水道。全長 6 公里的水道橋建於 1570 年，以石頭砌成，由約翰三世（João III）的妻子凱瑟琳女王（Catarina da Áustria）出資修築，用以運輸來自 Usseira 地區的水源。

景 主耶穌石聖殿 Santuario do Senhor Jesus da Pedra

聖石傳說

主耶穌石聖殿座落於奧比多斯鎮東北方的城牆外，屬於十分罕見的六角形結構巴洛克式建築。特別的是，聖殿的主祭壇上並非多數釘在十字架上的耶穌聖像，而是刻著耶穌受難形象的十字架石碑，而祂正是主耶穌石聖殿的起源。

1730 年，奧比多斯周邊遭受嚴重旱災，農夫們透過虔誠膜拜「主耶穌石」如願脫離乾旱，此後聖石成為當地人心目中的神蹟象徵，更許下為祂建堂的心願。其後，透過主教和葡萄牙國王約翰五世的鉅額資助（他時常到鄰近醫院 Hospital Termal Rainha D. Leonor 治療，從而得知此事），聖殿終於 1747 年落成。主耶穌石聖殿位於城區東北方，往東出城後需沿聯外道路 N114 ／ N8 步行 650 公尺才可到達，儘管乍看滄桑蕭條、與世隔絕，卻無損其震撼與神聖。

INFO

主耶穌石聖殿

 Largo do Santuário do Senhor Jesus da Pedra

📞 +351 26 295 5561

🕐 夏 季 09:30 ～ 12:30、14:30 ～ 19:00；冬季 09:30 ～ 12:30、14:30 ～ 17:00

💲 免費

美食

觀光興盛的奧比多斯，城內紀念品店、餐館、旅社林立，無論是簡單地喝咖啡吃麵包，或優雅地在餐廳裡享受美味葡國菜也不成問題。需提醒的是，城內罕見小雜貨店或超市，一些兼賣水、飲料、水果的紀念品店售價亦高（等同於觀光區的概念，通常是超市售價翻倍），建議可自行攜帶或在入城前先於城外小店購買。

 櫻桃酒 ginja

喝酒吃杯一口吞

滋味酸甜的櫻桃酒是造訪奧比多斯必飲佳釀，使用滋味偏酸的歐洲酸櫻桃（prunus cerasus）釀造而成，酒精濃度約 20%。走在奧比多斯的街頭，隨處可見販售以巧克力杯盛裝櫻桃酒的攤位，一杯售價€ 1～1.5（有的會加放一顆醃漬櫻桃）、100cc迷你瓶裝€ 3～4，推薦喝法是「喝了酒，吃了杯」（beba a ginja, coma o copo），讓兩者自動在口腔中融合成櫻桃酒巧克力。

櫻桃酒＋巧克力杯的點子源於酒商將其與巧克力藝術節（每年 3 月底、4 月初舉行）結合的巧思，既有噱頭又能襯托櫻桃酒的美味，如今更成為推銷櫻桃酒的最佳利器！

拉米羅的新家 A Nova Casa De Ramiro

中世紀的新鮮味

　　位於城牆旁的拉米羅，開幕於1988年，位置便利、食物美味、主廚用心，以好評如潮榮登貓途鷹奧比多斯餐廳類冠軍，別於外觀的藍白色調，店內以暖色系的中世紀風格爲主軸，燭台、吊燈、壁爐、酒櫃、木製桌椅等素材，不僅將餐館裝飾得美麗豐富，亦飽含溫暖的家庭氣氛。

　　餐館服務親切周到，食材新鮮富有創意，一入座就會送上煙燻鮭魚、麵包、起司拼盤等前菜任君挑選，主餐很有水準，尤其擅長烹調明蝦、馬介休、牛排料理。儘管菜單內容豐富，但不一定都有供應，最好的方式是請侍者提供建議，書內呈現的蒜香肋眼牛排與炸薯片、烤蔬菜的雙人份主餐（蔬菜清甜、牛肉軟硬適中）以及橄欖油蒜香明蝦（肉質鮮嫩Q彈），都是值得一試的出色料理。

INFO

拉米羅的新家

🏠 Rua Porta do Vale　　　　　📞 +351 967 265 945
🕐 12:00 ～ 16:00、19:00 ～ 23:00（周日休）
💲 雙人主餐 € 32 ～ 36、單人主餐 € 13 起
　　（人均：€ 30 ～ 40）
📷 facebook.com/NovaCasa
　　DeRamiro

石先生咖啡吧 Senhor da Pedra ／ Café Snack Bar

賓至如「家」

　　家庭式經營的石先生雖然裝潢樸實簡單，沒有講究的擺盤與餐具，卻憑著新鮮紮實的菜色擄獲民心，是深得當地居民喜愛的在地食堂。餐廳主要供應簡單傳統又經濟實惠的道地葡萄牙菜，魚肉和羊排料理都很出色，套餐還會附上沙拉、主食（米、麵或薯條），令人滿意又飽足。用餐時間經常客滿，服務人員常因忙碌而疏於招呼，最好能先預訂座位，或在非熱門時段光顧。

INFO

石先生咖啡吧

🏠 Sem Nome | Largo Do Santuario（主耶穌石聖殿旁，由鎮中心步行約 10 分）

📞 +351 262 959 315

🕐 11:30 ～ 22:00、周日 11:00 ～ 16:00

💲 主菜套餐 € 14 起、紅酒 € 2 ／杯、生火腿哈密瓜 € 8.5（人均：€ 10 ～ 20）

📷 facebook.com/Senhor-da-Pedra-124120834387465

 ## 卡皮涅家庭麵包坊 Capinha d' Óbidos

傳承百年祕方

　　卡皮涅是一間承襲 130 年家族烘焙祕方的麵包坊，沒有花俏手法與人工添加物，而是以簡單的奶油、果醬、起司、肉桂、茴香等天然材料與柴燒窯烤爐，製作出純粹新鮮的彎月形麵包（Pão Caseiro，口感非常紮實、肉桂香味濃

郁）、布丁麵包（Pão Chouriço）和葡萄牙傳統糕點（Bolos Tradicionais），每日午間以後陸續出爐。來到店門口，顧客可透過半開放式廚房欣賞麵包從和麵發酵、揉捏滾圓到膨脹熟成，品嚐美味糕點之餘，也能欣賞麵包師傅「玩弄超軟麵團於股掌之間」的純熟技巧。

INFO

卡皮涅家庭麵包坊
🏠 Rua Direita | Galeria casa do Pelourinho（聖瑪利亞教堂對面）
📞 +351 262 958 034　　🕐 10:00 ～ 20:00
💲 純麵包 € 0.2 起、有餡麵包 € 3 起、彎月形麵包 € 4、Espresso € 0.7（人均：€ 5 ～ 10）
📷 facebook.com/capinhadeobidos

12 月 1 日咖啡餐館 Café Restaurante 1 Dezembro Lda

漢堡超對味

　　網路搜尋奧比多斯美食，肯定會出現這間大名鼎鼎的 12 月 1 日咖啡餐館，就連天團浩角翔起也曾慕名而來！10 度低溫下，只見兩人邊發抖邊在戶外大啖烤肉高麗菜飯與多汁大漢堡，千里迢迢來到 Óbidos 豈有不朝聖打卡的道理？

　　餐館上午時間僅供應簡單輕食與咖啡，中午以後開始供餐，漢堡肉排紮實、口味適中，除了觀光客也有不少本地熟客造訪，建議於較清淡（午間 13 點前、晚間 19 點前）時間光顧。

INFO

12 月 1 日咖啡餐館
🏠 Largo Sao Pedro
📞 +351 262 959 298
🕐 07:00 ～ 23:30（周日休）
💲 漢堡 € 4.5 起（人均：€ 5 ～ 10）

埃武拉 Évora

　　埃武拉爲葡萄牙中南部阿連特茹地區（Alentejo）的主要城市，距首都里斯本140公里，海拔高度300公尺，屬典型夏乾冬雨的地中海型氣候，7、8月均溫達31度，春、秋兩季氣候溫和，冬季結霜頻繁但罕有下雪（5年1次）。埃武拉早在羅馬時期已有發展，老城區內不僅有名聞遐邇的人骨教堂，亦保存伊比利半島僅存的羅馬神廟遺跡及數百年歷史的教堂、大學、水道橋等古蹟，城郊還可見7,000年前的神祕環狀列石！探訪景點之餘，也可品嚐當地生產的葡萄酒和招牌甜點杏仁蛋糕（Pão de Rala），盡情徜徉於滿足五感的古都巡禮。

　　相較於奧比多斯和辛特拉（僅火車站對面有間中餐館「大福樓」），埃武拉老城區內不只有中餐館「財源」（靠近南城牆處），亦有由中國人經營的雜貨店「朋友商場」等（希拉爾廣場周圍），商店貨品種類繁多，從紀念品到服飾、日用品包山包海，營業時間長且可以國語溝通，如需電池、記憶卡等消耗品可在此補充。

埃武拉觀光指南圖

往阿爾門德雷斯
環狀列石方向

埃武拉客運站

南城門

往火車站方向

① 景 埃武拉水道橋

② 景 埃武拉大學（菱形符號為入口處）

③ 景 黛安娜羅馬神廟

④ 食 卡都夏葡萄酒餐館

⑤ 景 埃武拉主教座堂

⑥ 食 納爾多餐館

⑦ 食 糕點廠咖啡館

⑧ 景 希拉爾廣場

⑨ [i] 旅客服務處

⑩ 景 人骨教堂

⑪ 食 修道院咖啡館

⑫ 食 5杏仁餐廳

交通資訊

里斯本出發／市區移動

里斯本出發

長途巴士

　　Lisboa ⇔ Évora 有巴士與火車兩種方式，火車每日 4 班且需 2 小時，巴士則以速度快、班次多、免轉車、下車位置距離市中心近全面勝出。長途巴士路線由 Rede expressos 經營，單程€ 12.5、來回€ 24，可於出發當日至車站售票口購買，車程約 1.5 小時。

　　購票後，即可到巴士月台候車，電視螢幕會顯示入站巴士編號與停靠月台，待欲搭乘巴士進站（一般是發車前 10 ～ 15 分），即可至其所在月台驗票上車。

INFO

Rede expressos「Lisboa ⇔ Évora」時刻表
- 🕐 平日：Lisboa 發 07:00 ～ 22:30、Évora 發 06:00 ～ 21:00
  假日：Lisboa 發 08:00 ～ 22:00、Évora 發 06:00 ～ 20:00
  班距：按尖離峰時間調整，間隔分別為 30、45、60、75 分，通勤時間班次多
- 🌐 rede-expressos.pt（點選往返城市、乘車日期，即可查詢時刻表）
- 📶 車上提供免費 Wi-Fi

Rede expressos 里斯本車站
- 🏠 Praça Marechal Humberto Delgado Estrada das Laranjeiras
- ☎ +351 70 722 3344
- 🚇 Jardim Zoológico 地鐵站、Sete Rios 火車站旁，出站可見標示「Rede expressos Terminal Rodoviario」紅色建物，循手扶梯而上即達

埃武拉客運站
- 🏠 Av. Tulio Espanca - Terminal Rodoviário
- ☎ +351 26 673 8120
- 🚌 地處老城區西郊，車站附近略顯荒蕪，出站後左轉、沿著 Av. Túlio Espanca（N114）馬路直走 350 公尺會看到一個圓環路口與南城牆，穿過南城門即進入老城區
- 🌐 rodalentejo.pt

市區移動

徒步

　　埃武拉的景點多集中在城牆內的老城區，道路狹窄、多單行道且需停車費（部分車格僅供當地人使用），步行是最適合的旅遊方式。眾景點中，僅前往地處城郊的阿爾門德雷斯環狀列石需車輛代步，所幸無論租車自駕（埃武拉市內有多間租車公司）或委請他人（當地旅行社 Tuk 2 You 套裝行程）皆屬便利。

舊城適合徒步遊覽

前往環狀列石景區則需租車

景點

埃武拉建城超過千年，歷經羅馬、西哥德、摩爾人統治，老城區猶如葡萄牙歷史縮影，而有「博物館城市」的美名。1986 年，聯合國文教組織將保存黛安娜羅馬神廟、古城牆、水道橋、人骨教堂等古蹟的埃武拉歷史中心列入世界文化遺產，16 世紀中建立的埃武拉大學亦是葡萄牙第二所高等教育機構，時間僅次 1290 年創建的科英布拉大學。

埃武拉遊客服務處

INFO

埃武拉遊客服務處 Posto de Turismo de Évora

🏠 希拉爾廣場西側　　　　　　　　　　📞 +351 26 677 7000

🕐 4 至 10 月 09:00 ～ 19:00、11 月至隔年 3 月 09:00 ～ 18:00（周六、周日 10:00 ～ 14:00、15:00 ～ 18:00）

🔍 提供埃武拉觀光諮詢、季節活動與景點交通等訊息

💻 conteudos.evora.net/turismo/pt-pt

景 希拉爾廣場 Praça do Giraldo

見證歷史的時刻

　　希拉爾廣場位於埃武拉心臟地帶，見證城市近千年間的政權更替與殺戮血腥，最為人所知的，是 1484 年的公爵斬首示眾事件：葡萄牙國王約翰二世為保權力穩固，以通敵罪處死胞弟布拉干薩公爵（Duque de Bragança）。廣場名稱取自葡萄牙的傳奇民族英雄 Geraldo sem Pavor，紀念他在 12 世紀中協助國王阿方索一世驅逐阿連特茹地區摩爾人的事蹟。實際上，埃武拉對 Geraldo 的尊敬不只在廣場命名，更將他的形象標識於市徽上：Geraldo 騎著黑馬、手持血跡利劍，下方則是被斬斷的摩爾人頭顱。

　　時至今日，希拉爾廣場已成為埃武拉的城市中心，毗鄰聖安東尼堂（Saint Anton's Church），不僅可在露天咖啡座享受輕鬆氣氛，逛逛整排的拱廊商店，亦能到附近餐館品嘗或講究或簡單的傳統葡式餐點。廣場中心的噴泉（Fonte Henriquina）是埃武拉水道橋的終點，由葡萄牙建築師 Afonso Álvares 設計，歷史可追溯至 1570 年，側面的 8 個噴口則象徵噴泉由 8 條溪流匯聚和自希拉爾廣場延伸的 8 條街道。

INFO

希拉爾廣場

🏠 Praça do Giraldo
☎ +351 26 677 7071
🕐 全天

景

人骨教堂 Capela dos Ossos

人生自古誰無「骨」

　　震撼力十足的人骨教堂為埃武拉的必訪「驚」典，儘管最初只是聖方濟天主堂（Igreja de São Francisco）的附屬禮拜堂，卻因「人骨建材」太過勁爆而聲名大噪。人骨教堂建於1511年，由三位方濟各會修士設計，之所以選用教堂墓地內的五千具遺骨為建材，一方面是可將被墓地占據、阻礙城市發展的土地釋出；另一面也在傳達人生短暫、生命脆弱的宗教訊息。18世紀初，購入教堂的新業主雇請專人改建，進一步增加人骨裝飾並擴大範圍，即為今日所見規模。

　　人骨教堂屬巴洛克風格建築，入口處橫梁上寫著駭人而寫實的標語「Nós ossos

que aqui estamos pelos vossos esperamos」（我們的屍骨在此等待你們的屍骨），說明死與活的界線只是早晚的差別而已。教堂內部舉目所見全部由人骨鑲成，牆壁上嵌著盡是頭骨、骨骼與骨架，還有完整的骷髏擺放其間，連天花板的線條也由骷髏頭裝飾，深刻體會建造時的費力與用心。提醒有密集恐懼症的朋友，頭骨聚集數量非常，入內前務請自我催眠：「眼前是宗教藝術，不只是死人骨頭！」

INFO ·········

人骨教堂
🏠 Largo 1º Maio（由大教堂旁的側門進入）
📞 +351 26 670 4521
🕐 6至9月09:00～18:30；10月至隔年
　　5月09:00～17:00
💲 € 4
🚌 希拉爾廣場以南270公尺

景 黛安娜羅馬神廟 Templo de Diana

女神在此

羅馬人政權早在西元前 1 世紀已深入葡萄牙地區，直至 5 世紀中才因北方日耳曼民族的入侵而離開，儘管統治時間達 600 年，葡國境內保存的古羅馬遺跡卻寥寥可數，位於埃武拉市中心的黛安娜羅馬神廟便是其中難得的例外。

黛安娜羅馬神廟又名埃武拉羅馬神廟（Templo Romano de Évora），長年被包覆在城堡內而鮮爲人知，因此躲過戰亂摧殘，直到 19 世紀才被發現，是葡萄牙境內現存唯一、同時也是伊比利半島上狀態最好的羅馬神廟遺址。神廟建於西元 2 世紀，座落在距離地面 3 層台階高的基座上，用以供奉古羅馬月亮及狩獵女神黛安娜，目前尚存部分爲神廟的後半段、花崗岩材質的羅馬柱。

INFO

黛安娜羅馬神廟

🏠 Largo do Conde de Vila Flor

📞 +351 26 676 9450

🕐 全天

💲 免費

📍 希拉爾廣場以東 500 公尺

堡壘其外‧教堂其內

　　主教座堂簡稱「Sé」，包括主教堂、中庭、塔樓三部分，為羅馬天主教在葡萄牙的 3 個總教區之一（其餘兩者是里斯本宗主教區、布拉加總教區），始建於 1186 年、1250 年完工，後陸續進行數度改建，增加多個附屬建築，造就融合羅馬、哥德、埃爾曼努與巴洛克式的多元風格。地處城市制高點的埃武拉主教座堂，大理石外觀猶如堅實堡壘，正門使用花崗岩材質，兩側高聳而不對稱的尖塔建於 16 世紀，一邊是傳統塔樓，另一邊則為藍色圓錐造型，可由此登高眺望埃武拉全景，主要入口的石柱門廊上則有完成於 14 世紀的耶穌門徒雕刻。教堂內部裝飾富麗堂皇、稀奇耀眼，類似里斯本主教座堂，高聳祭樓更顯莊嚴肅穆，中殿寬敞巨大的筒形穹頂格外具震撼力。

　　不僅如此，教堂還擁有精妙迴廊與神聖藝術博物館（Museu de Arte Sacra da Sé de Évora），前者屬哥德式風格，華美令人絕倒；後者收藏大量的繪畫、雕塑、珠寶飾品等宗教藝術品，豐富程度堪稱葡萄牙之最，鎮館之寶為一尊高 12 吋、象牙材質的聖母瑪利亞雕像，內部刻有以聖母為主的 9 個故事場景，工藝高超、巧奪天工。

INFO

埃武拉主教座堂

🕐 Largo do Marquês de Marialva　　📠 +351 26 675 9330
🕐 09:00 ～ 12:00、14:00 ～ 17:00（午間清場、門票可一日通用）
💲 教堂＋迴廊＋塔樓 € 3.5
🚶 希拉爾廣場以東 300 公尺

神聖藝術博物館

🕐 6 至 9 月 09:00 ～ 17:00；10 月至隔年 5 月 12:30 ～ 14:00 午休（周一休）
💲 € 4

埃武拉古城牆 Muralhas de Évora

國王好「牆」！

環繞埃武拉舊城區的中世紀古城牆，14 至 19 世紀間進行多次整修，風格涵蓋哥德式、曼努埃爾、風格主義和復古主義，屬埃武拉歷史中心的一部分。古城牆最初建於西元 3 世紀，是羅馬統治時期的軍事建築，當時環繞面積大約 10 公頃、長近 2 公里，後因政權更替

而經歷數度破壞與重修。14 世紀時，國王阿方索四世（Afonso IV）定居埃武拉，直至 1580 年因皇室姻親繼承關係遭西班牙併吞前，葡國皇室都世居於此，爲保護國王與王族的安全，防禦工事自然刻不容緩，造就城牆固若金湯的基礎。

 埃武拉水道橋 Aqueduto de Água de Prata

好會「橋」

具有古羅馬風情的埃武拉水道橋，其實與羅馬並無關聯，而是建於 1530 年的水利設施，使用高架橋方式將 9 公里外的水源引入城內，希拉爾廣場內的噴泉最初就是來自它的灌注。

卸下運輸城市用水的重任後，水道橋並沒有閒置荒廢，部分較高的拱橋被當地人再運用，改建爲住家、商店，形成古蹟與馬路、民居融爲一體的特殊情景。

INFO

埃武拉水道橋
🏠 埃武拉古城區西北側
🚌 希拉爾廣場西北 800 公尺

埃武拉大學 Universidade de Évora

老校新生

建於1559年的埃武拉大學，爲葡國史上第二所高等學府，由時任埃武拉紅衣主教、後曾短暫繼任國王的恩里克一世（Henrique I）創辦，陸續開設醫學、法律、數學、地理、物理與軍事建築等學程，鑑於學校初期屬耶穌會體系，校內現仍可見多個小禮拜堂與一座教堂。

1759年，大學在成立200周年時遭遇最大挫折，是國王若澤一世在位期間，葡萄牙經歷史上最嚴重的里斯本大地震，災後以龐巴爾侯爵爲核心的領導階層發起鐵腕改革（國王因飽受驚嚇而鮮理政事），妨礙中央集權統治的耶穌會立即成爲侯爵的眼中刺。龐巴爾以國家力量興辦教育事業的同時，也派遣騎兵隊包圍由耶穌會管理的埃武拉大學，未幾教士遭關押驅逐流放，學校最終在1779年關閉。19世紀下半，女王瑪麗亞二世授予大學舊址「斗篷與袈裟」特權，使其受到完整保護。

1973年，葡萄牙教育部宣布重啓埃武拉大學，隔年恢復招生，設有社會人類、經濟管理、自然環境科學與農業科技等四大學院。學校規模不大，部分對外開放，校園清幽寧靜、富有歷史感，中庭、圖書館處處有亮點，教室內外、迴廊圍牆皆可見精緻的磁磚畫，描繪柏拉圖、亞里斯多德等哲學家的授課神態，學術氣氛渾然天成。

INFO

埃武拉大學

🏠 Largo dos Colegiais 2
📞 +351 26 676 0220
🕐 09:00～18:00（周日休）
💲 € 3
🚩 希拉爾廣場東北600公尺
📱 estudar.uevora.pt

阿爾門德雷斯環狀列石 Cromeleque dos Almendres

走進 X 世界

20 世紀中才被發現的環狀列石，位於埃武拉市郊西側的緩坡上，據考古研究推測，爲新石器時代（7,000 ～ 8,000 年前）到鐵器時代的史前遺址，是伊比利半島最重要且保存最佳的立石群。雖然環狀列石十分珍稀，但由於規模與震撼度皆不及名氣響亮的英國巨石陣（Stonehenge），

軟木橡樹園

加上位置偏僻、交通不便導致人跡罕至，使它一直未成爲觀光熱點。

阿爾門德雷斯環狀列石由 95 座高 2 ～ 4 公尺的立石組成，石頭爲斑狀花崗岩材質，以雙環的陣式圍成一個約 30×60 公尺面積的橢圓形，部分石頭上有以工具雕刻的螺旋、圓圈等裝飾圖樣或用鑿子鑽出的小孔。究竟是誰、爲何要費盡心力排列這些巨石？無論成因和用途至今仍是無解謎團。除了宗教儀式、觀測天文等說法，也有人認定是外星人的神祕傑作，畢竟在缺乏工具又民智未開的情況下，誰會沒事

去立石頭呢？！附帶一提，阿爾門德雷斯環狀列石位於私人軟木橡樹園旁（Cork Oak，學名西班牙栓皮櫟），附近滿是被剝皮的樹幹與正在曬乾的樹皮，能如此近距離的端詳軟木塞原料，即使在軟木塞大國葡萄牙也非常難得。

前往環狀列石最便利的方式是自駕，基本上只要留意指標（勿錯過 N114 轉入 CM1075 的叉口）與確認方向（一路往西）就可順利到達，途中飛沙走石、道路崎嶇，後段路況顛簸更得有心理準備。若是由埃武拉市區出發，到達環狀列石前，會先經過另一個同胞景點阿爾門德雷斯巨石（Menir dos Almendres，需步行好一段細窄不平的土路），兩者相距 2.5 公里，據研究這座高 4 公尺、狀似子彈的巨石與環狀列石位在同一條冬至線上，巧合在天文學具有某種特殊意義。相較於深奧的學理，當地流傳的「公主墳頭傳說」則為巨石增添靈異看點：每年 6 月 23 日葡萄牙聖若翰節（Festa de São João）夜晚，公主就會現身墳上梳髮，繪聲繪影令人不寒而慄。

INFO

阿爾門德雷斯環狀列石

🏠 埃武拉市中心以西 18 公里
🕐 全天　　　　　　　　　　　💲 免費
🚌 無公共運輸工具，需參與當地旅行團或自駕前往。當地業者「Tuk 2 You」推出包含阿爾門德雷斯環狀列石等 4 個景點的巨石之旅（Tour Megalítico），需時 2 小時、收費 € 50（2 大人＋1 孩童，增加 1 人加 € 10，一車最多可載 6 人），可透過網站線上預約（另有紅酒、歷史等埃武拉主題行程）；後者由埃武拉市區出發，循指標沿公路 N114 轉入 CM1075 再接 Rua Principal 直行 Rua do Cromeleque 即達，最後 4 公里是砂石土路，車程約 30 分

Tuk 2 You 旅行社

📲 +351 96 280 4959
🕐 09:00 ～ 19:00
📷 facebook.com/tuk2you
tuk2you.wixsite.com/tuk2you

美食

作為阿連特茹的主要城鎮，埃武拉不僅是葡萄牙中南部的歷史古城、交通樞紐，更可品嘗道地的阿連特茹風味料理與甜點，最具代表性莫過海鮮炸物和杏仁蛋糕。除此之外，埃武拉也是重要的葡萄酒產區，白酒口感溫潤、酸味略強，含有熱帶水果的芬芳；紅酒豐厚圓潤，帶著野生水果的香氣。陽光燦爛的午後，以在地釀造美酒佐餐，療癒在人骨教堂飽受震撼的心靈。

食 納爾多餐館 Tábua do Naldo

砧板上的美味

藏身靜謐巷內的納爾多，是間座位數有限但發想無窮的小型餐館，主廚 Senhor Reginaldo Branco 透過不落俗套的組合和創新，在葡萄牙菜的基礎上著手變化，有別於傳統卻不失其本質，大分量的餐點更令人飽足又滿意。「炸」是餐館最擅長的料理手法，從蔬菜餅、

魚蝦海鮮到牛排等葷素食材，都可裹上獨門粉漿入鍋油炸，恰如其分的調味搭配外酥內嫩的口感令人一試難忘。特別的是，店家不僅店名招牌使用木砧板，餐點無論熱燙鹹食或冰涼甜點也以木砧板盛裝上桌，營造形象之餘，亦傳遞輕鬆自在的用餐氛圍。

INFO

納爾多餐館

🏠 Rua da Oliveira 38 　　📞 +351 96 777 6461
🕐 12:30 ～ 15:00、19:00 ～ 23:00（周二休）
💲 綜合前菜 € 18、雙人主餐 € 30 ～ 40、
　牛排主餐 € 20（人均：€ 20 ～ 30）
🚶 希拉爾廣場以東 750 公尺
📷 facebook.com/tabuadonaldo

修道院咖啡館 Pastelaria Conventual Pão de Rala

螞蟻也瘋狂

修道院咖啡館是間不折不扣、讓人吃了上「甜」堂的葡式傳統糕點鋪，店家座落於古城牆內的寧靜小廣場旁，內部裝飾以葡萄牙風情爲主，桌椅屬厚實的木料材質，櫃檯牆面上是一幅以製作糕點爲主題的磁磚畫，其餘則掛滿店主與名人的合照、特色壁飾與美麗磁盤，令人目不暇給。

來到這裡，莫錯過埃武拉的經典甜點「杏仁蛋糕」，這是以糖與蛋黃、搗碎杏仁與檸檬皮製成的美味甜糕，內餡質地與鳳梨酥頗爲相仿，外殼甜度恰到好處。實際上，葡萄牙運用糖與蛋黃製成甜點的歷史源於 15 世紀，最初流傳於修道院間，因此又被稱作修道院甜食（Doçaria conventual），之後再逐漸擴散至葡萄牙各地，成爲傳統甜點的基礎。咖啡館的另一項招牌點心「蛋黃糖」（Beijinho Freira），更是費時又費工的代表（將蛋黃加入牛油、砂糖搓揉後隔水加熱，需耗時兩日才能完成），蛋黃糖口感綿密獨特，甜而不膩、尾韻有濃濃蛋黃香氣，同樣值得一試，澳門的老餅鋪「占西餅店」也能見到它的蹤跡。

INFO

修道院咖啡館

🏠 Rua de Cicioso no.47　　　　　　　📞 +351 26 670 7778

🕐 07:30 ～ 20:00

💲 Bica ／ Espresso € 0.7、杏仁蛋糕€ 3 ／片、蛋黃糖€ 1.2（人均：€ 5 ～ 10）

🧭 希拉爾廣場東南 600 公尺

食 卡都夏葡萄酒餐館 Enoteca Cartuxa

「酒」是在行

地處埃武拉中心的卡都夏，爲當地酒商 Adega Cartuxa 經營的副業，店名的「Enoteca」爲義大利單詞，用來描述一個區域或地方的葡萄酒商店，表示遊客可在此以合理的收費品嘗和購買優質的葡萄酒。餐館裝潢以紅白黑色系爲主調，木質桌椅搭配軟木材質桌墊，簡潔明亮與溫潤舒適兼備，吧檯牆面的整片酒櫃不只壯觀，亦說明店家對葡萄酒的重視與講究。

餐館供應葡萄牙菜爲基礎的特色料理，豬鴨兔等紅肉與魚蝦類的海鮮都獲好評，其中前菜的羊奶起司更備受推薦。不知如何選擇適合桌上菜色的葡萄酒？知識淵博的店員將會給予最適切的建議，讓您享受一場「飲＋食」交融的愉快饗宴。

INFO

卡都夏葡萄酒餐館

- Rua Vasco da Gama nº15（近埃武拉主教座堂）
- 10:00 ～ 15:00、19:00 ～ 23:00（周日休）
- 人均：€ 20 ～ 30（酒價差距大，點餐前務必留意）
- 希拉爾廣場西北 270 公尺
- cartuxa.pt/pt

- +351 26 674 8348

食 5 杏仁餐廳 5amêndoas Restaurante

「食」在幸福

5 杏仁的名稱源於埃武拉所在的阿連特茹，當地有婚禮儀式結束後分送杏仁作爲新人祝福的習俗，餐廳以此傳統爲發想，希望透過美食傳遞「健康、長壽、生育、繁榮、幸福」等五個願望。

餐館位在埃武拉古城牆外、新市鎮內，裝潢屬現

代簡約風格，肉類與海鮮料理都很出色之餘，擺盤也頗費心，讓顧客得以感受真正的色香味俱全。菜單有英文對照版本，也提供蔬食餐點，或可請店員代為介紹，享受難忘的悠哉「食」刻。

INFO

5 杏仁餐廳

🏠 Rua Diana de Liz 5（Vitória Stone Hotel 旅館內）

📞 +351 26 670 0094

🕐 12:30 ～ 15:00、19:30 ～ 22:00

💲 沙拉€ 12、魚料理€ 13.5 起、肉料理€ 12 起、蔬食€ 12 起、甜點€ 4 起（人均：€ 20 ～ 30）

🚩 希拉爾廣場西南 1 公里

🌐 vitoriastonehotel.com/ing/5amendoas-restaurant

糕點廠咖啡館 Fábrica dos Pastéis

鮮蛋塔出爐！

　　咖啡館位在希拉爾廣場旁的巷弄內，空間在保留老建物的基礎上加以設計，巧妙將糕餅店的素材無違和感地融入舊時建築。既名為糕點廠，重頭戲自然是自製自銷的葡式糕點，從埃武拉的金字招牌杏仁蛋糕、辛特拉的傳統甜點酥皮枕頭，到外脆內濃的葡式蛋塔日日新鮮出爐，從巷口就能聞到濃濃奶香，獲得顧客的一致好評。

INFO

糕點廠咖啡館

🏠 Rua Alcárcova de Cima nº10

📞 +351 26 609 8424

🕐 10:00 ～ 21:00（周一休）

💲 人均€ 5

🚩 希拉爾廣場以北 150 公尺

🌐 facebook.com/fabricadospasteis

Part 5

「萄」醉酒鄉
── 波爾圖

Porto

　　位於里斯本北方 300 公里的波爾圖（或譯波多），是一座沿著杜羅河（Rio Douro）而建的港口城市，地處花崗岩形成的起伏丘陵間，「爬坡」就是日常生活的常態。波爾圖屬地中海型氣候，冬溫夏涼，7、8 月平均高溫僅 25 度，氣候宜人、土壤肥沃，盛產橄欖、柑橘、葡萄等農作物。上游的杜羅河谷為波特酒集散地，被譽為葡萄牙「第一大使」的佳釀甜美甘醇，遊客可在一河之隔的蓋亞鎮（Vila Nova de Gaia，或譯加亞新城）優雅品嘗。從最美火車站、最美教堂、最美書店到最美咖啡館、最美麥當勞，波爾圖未曾敲鑼打鼓地要世界看見，卻讓所有看見她的人都為之傾倒。

波爾圖 Porto

作為葡萄牙的第二大城與第一大港，波爾圖的魅力不僅是馳名全球的波特酒、名滿全國的波爾圖足球俱樂部，更體現於深厚歷史與慢活節奏，一如幾世紀來累積的名號「Antiga, Mui Nobre, Sempre Leal e Invicta」，是一座古老、高貴、永遠忠誠且戰無不勝的堅韌之城。Porto 一詞源於拉丁語的港灣（Portus），即葡萄牙（Portugal）國名的起源，早在西元 5 世紀這裡已發展至城市規模，12 世紀中更成為支撐葡國經濟財政的商業重鎮，重要性不遜於首都里斯本。

千百年間，波爾圖一度是歐洲的經貿要道，也曾因局勢動盪、國勢下滑而衰落，經歷幾番起伏，至今則為葡萄牙西北部的經濟中心，外貿出口額占比高達全國一半。更令人驚嘆的是，無論政權如何更迭、伊斯蘭勢力幾度席捲，即便是拿破崙勢如破竹橫掃全歐、國家面臨崩解的危急存亡之秋，波爾圖都能憑著頑強及幸運（拿破崙志在里斯本，僅路過波爾圖而未攻打），始終未遭外來勢力入主，「世上唯一未被占領過城市」的自傲確屬實至名歸。

波爾圖觀光指南圖

Trindade 站
波爾圖巴士站
往波爾圖
周末跳蚤市集方向
Campanhãs 站
Aliados 站
Bothão 站
坎帕尼亞火車站
24 de Agosto 站
聖本篤
火車站
Heroismo 站
São Bento 站
Batalha 纜車站
Ribeira 纜車站
Infante 復古電車站
杜羅河
蓋亞鎮
Jardim do Morro 站
蓋亞鎮纜車站

1 景 路易斯一世大橋
2 景 皮拉爾山修道院
3 酒 卡勒姆
4 酒 桑德曼
5 酒 聖尤菲米婭
6 景 里貝拉廣場
7 食 碼頭葡萄酒吧
8 景 聖方濟各堂
9 景 證券交易宮
10 景 恩里克王子廣場
11 食 轉角餐館
12 景 花街
13 景 主教座堂
14 景 教士堂
15 景 教士塔
16 景 萊羅兄弟書店
17 景 卡莫教堂
18 食 帕小姐咖啡館
19 景 自由廣場
20 食 帝國麥當勞
21 景 聖安東尼堂
22 食 熱狗小吃店
23 景 戰鬥廣場
24 景 聖伊爾德豐索教堂
25 食 山羊腳夫人餐館
26 食 聖地牙哥咖啡廳
27 食 雄偉咖啡廳
28 食 佩德羅烤雞專賣店
29 景 波爾圖傳統市場
30 景 聖靈教堂
31 [i] 旅客服務處
32 食 安圖內斯餐館

交通資訊

里斯本出發 / 市區移動

里斯本出發

里斯本前往波爾圖的公共運輸渠道有航空、火車、巴士三種選擇。整體而言，火車的性能與價值最高，具有安全舒適、不易誤點且便於進入市區等優勢。巴士與飛機則各有利弊，前者班次多，但票價和耗時皆略高於火車；後者若遇上優惠促銷，票價可能低至數百臺幣，唯需提早赴機場辦理登機，面臨氣候和延遲等不確定性，抵達後又得提取行李與搭地鐵進入市區，不一定真的省時。

飛機

廉航瑞安＋葡萄牙航空

費爾南多・薩・卡內羅機場（代碼OPO，全名 Aeroporto Francisco Sá Carneiro）位於波爾圖市北 15 公里處，目前臺灣無班機直飛葡萄牙，前往波爾圖需轉機 1 ～ 2 次以上，單趟航程至少 22 小時，正常來回票價含稅新臺幣 42,000 元起跳。波爾圖與里斯本間的國內航線由瑞安（Ryanair）及葡萄牙航空（TAP）經營，每日 10 班次、飛行時間 1 小時，票價由數百臺幣至千餘元不等，可透過「skyscanner」網站查詢即時票價。其中，瑞安屬廉價航空，購票前請留意辦理登機手續、行李計價等相關規定。

從機場前往市區非常便利，只需跟隨「Metro」指標，搭乘地鐵紫色 E 線「Estádio do Dragão-Aeroporto」即可（至 Trindade 地鐵站約 27 分鐘），營運時間 06：00 ～ 00：30，票價€ 1.85（票種選擇 Z4、無 Andante 儲值卡者需再加€ 0.6 購買）。除了地鐵，機場亦有公車（601、602、604、3M 夜車，全程約 40 分，票價€ 1.85）、計程車（車程 20 分，車資€ 20 ～ 30，21：00 ～ 06：00 夜間加成 20%）與 1 小時 1 班的機場巴士（車程 25 分，單程€ 5、來回€ 9）等接駁選擇。

火車
IC 或 AP

坎帕尼亞火車站

Lisboa ⇔ Porto 的葡萄牙國鐵 CP 主要有 AP、IC 兩款對號列車行駛，兩地班次密集，里斯本乘車站點有聖塔阿波羅車站與東方車站兩處，到達坎帕尼亞火車站後可於 1 小時內再免費轉車至市區的聖本篤火車站（反之亦然），車程 4 分。AP 車程 2.5 小時、車資一等€ 42.4 ／二等€ 30.3；IC 車程 3 小時、車資一等€ 35.9 ／二等€ 24.3。另外一提，若單純搭乘 Porto-Campanhã⇔Porto-São Bento 的單程票價為€ 1.4。

要注意的是，波爾圖及其近郊的各個火車站（包括地鐵站）都未設置柵欄，乘客在進站時需自行找到讀卡機並刷卡，機器閃綠燈並發出嗶聲才算是讀取成功。一般而言，短程（如波爾圖市內的坎帕尼車站至聖本篤車站）幾乎未見查票，但開往郊區（或自郊區駛回）的中長程車班（如往布拉加、吉馬良斯等）均有列車長沿車廂逐一檢查，請務必記得購票與刷卡。

聖本篤火車站

> **INFO**

坎帕尼亞火車站 Estação Ferroviária de Porto-Campanhã
- 🏠 Rua Pinheiro de Campanhã
- 🚇 Campanhã 地鐵站以南 150 公尺
- 🔍 1875 年正式投入營運，為葡萄牙北部最重要的短、長途及國際火車站，停靠車班有 AP、IC、IR、R、U、Linha de Aveiro、Linha de Braga、Linha de Caide|Marco、Linha de Guimaraes 等，可由此前往阿威羅（Aveiro）、吉馬良斯、布拉加、科英布拉、里斯本、法魯（Faro）、西班牙維戈（Vigo-Guixar，另有與其相距 1 公里的 Vigo-Urzáiz 車站）等

聖本篤火車站 Estação Ferroviária de Porto - São Bento
- 🏠 Praça de Almeida Garrett
- 🚇 São Bento 地鐵站西北 80 公尺
- 🔍 1916 年啟用，地處市中心、交通便利，站體以大量藍白磁磚畫裝飾，停靠車班以開往鄰近城市的專線火車 Linha de Aveiro、Linha de Braga、Linha de Caide、Linha de Guimarães，可由此前往阿威羅、吉馬良斯、布拉加等

長途巴士
Rede expressos

　　Lisboa ⇔ Porto 的長途巴士由 Rede expressos 經營，單程票€19、來回票€34（網路預訂享折扣），車程3.5小時（停站較多的班次則需4小時）。每日超過25班車行駛，平均30分一班，每日另有1～2班凌晨發車的深夜巴士，到站時間爲凌晨4點。

INFO

Rede expressos「Lisboa ⇔ Porto」時刻表
- 🕐 Lisboa 發 00:15、06:15 ～ 21:00；Porto 發 00:30 ～ 00:45、06:00 ～ 21:00
  班距按尖離峰時間調整，間隔分別爲 30、45、60 分，通勤時間班次多
- 💻 rede-expressos.pt（點選往返城市、乘車日期，即可查詢時刻表）
- 📶 車上提供免費 Wi-Fi

波爾圖巴士站
- 🏠 Campo 24 de Agosto 125（購票與乘車處位於地下一層停車場）
- 🕐 06:00 ～ 01:00
- 🚇 24 de Agosto 地鐵站西北 150 公尺

市區移動

　　遊覽波爾圖最簡單省事的方式就是「走」，多數景點都可靠雙腿達成，唯一難關是市內地形高低起伏，爬坡不免辛苦。若時間緊湊或欲節省體力，便捷多元的公共運輸工具即是最佳夥伴，在波爾圖只要備妥 Andante 儲值卡、上車一嗶便可暢行無阻。

Andante 儲值卡
波爾圖一卡就 GO！

　　與里斯本的 Viva Viagem Card 相仿，波爾圖也發行名爲 Andante 的乘車儲值票券，一般爲上車刷卡付費。首次搭車前，需於地鐵自動售票機或售票窗口等處，購買寫有 Andante 字樣的藍色磁條紙卡€0.6，卡片可重複儲值使用。Andante 儲值卡適用於搭乘波爾圖地鐵、公車、登山纜車等，並享有 1 小時內免費轉乘，唯公車

需隸屬 STCP 系統才有優惠（車身上有藍橘圓形 Logo）。

如旅途中有 1 ～ 3 日需多次搭乘公共運輸，不妨選擇 Andante Tour 坐到飽方案，票價 1 日€ 7、3 日€ 15，時效從第一次使用時間起算，Andante Tour 可搭乘的車輛涵蓋地鐵、公車、登山纜車，但不包括 1、18、22 等 3 條復古電車線。與 Viva Viagem Card 相同，儲值卡一次只能選用一種方案，也就是說，必須等到 Andante Tour 結束才能轉換成儲值扣款。

INFO

Andante 儲值卡
linhandante.com

波爾圖卡 Porto Card
深度遊首選

波爾圖卡整體與里斯本卡相仿，提供景點免費或票價折扣之外，也有部分餐館、購物、停車場、音樂會、觀光巴士、主題旅遊等優惠。然而，不同於包含公共運輸的里斯本卡，波爾圖卡則提供「無 / 有包含公共運輸坐到飽」兩種選擇。首次使用時，請將日期、時間寫於卡片，1 日有效期限為啓用後 24 小時，以此類推。實際上，除非在波爾圖參觀較多付費景點或音樂會，否則不太需要購買波爾圖卡，畢竟在當地單是靠雙腿參觀免費景點就已相當充實。

波爾圖卡票種、天數對照表

票種 \ 天數	1 日	2 日	3 日	4 日	卡片樣式
Porto Card – Pedonal（純景點）	€ 6	€ 10	€ 13	€ 15	白底藍字
Porto Card + Transporte（景點＋交通）	€ 13	€ 20	€ 25	€ 33	藍底白字

INFO

波爾圖卡
visitporto.travel/Visitar/
Paginas/PortoCard/
PortoCard.aspx
詳細說明波爾圖卡的購買方式、適用範圍、合作店家等

波爾圖旅遊網 Visit Porto.
visitporto.travel
彙整波爾圖景點訊息、套裝觀光行程、下載旅遊電子手冊、波爾圖卡詳介、相關 app 等資訊

地鐵 Metro do Porto
串聯市區＆市郊

波爾圖有 6 條地鐵線，基本採市區地下、市郊路面的行駛模式，運行時間為 06：00 ～ 00：30。地鐵票價按區域計算、共 11 個區（Z2 ～ Z12），觀光客多在最核心 Z2 範圍移動（機場位於 Z4），Z2 單程票€ 1.2（儲值卡買 10 送 1）、1 日票€ 4.15：Z3 單程票€ 1.5、1 日票€ 5.2：Z4 單程票€ 1.85、1 日票€ 6.4。

波爾圖的地鐵站均為開放式管理，不須通過驗票閘門就可直接進入乘車月台，站內設有多台 Andante 卡片感應器。搭車前，請務必記得將儲值卡感應付費，否則若在車上遭稽查人員查獲，將有罰款之虞。

此外，別於臺灣捷運到站時車門全數自動打開，這裡無論上下車都得由乘客自行按鈕開門（若無人上下車、車門便不會打開），按鈕一般位於車門左側，黃色圓形上有「◀▶」符號，當它外圍燈閃爍時，就可自行按開車門。

INFO

波爾圖地鐵

📷 metrodoporto.pt
🔗 metrodoporto.pt/
uploads/document/
file/370/MapaRede_
NOVO.pdf

本世紀才開通的波爾圖地鐵，由於營運時間尚短且保全頻繁巡邏，相較歐洲其他城市的老地鐵，車廂狀況十分良好。

波爾圖 6 條地鐵線

1	藍色 A 線	Estádio do Dragão-Sr. de Matosinhos
2	紅色 B 線	Estádio do Dragão-Póvoa de Varzim
3	綠色 C 線	Campanhã-ISMAI
4	黃色 D 線	Hospital S. João-Sto Ovídio
5	紫色 E 線	Estádio do Dragão-Aeroporto
6	橙色 F 線	Senhora da Hora- Fânzeres

公車 STCP
穿梭大街小巷

INFO

STCP
stcp.pt

　　波爾圖的公車系統是由 STCP（Sociedade de Transportes Colectivos do Porto）經營，共有 80 餘條路線，營業時間為 06：00 ～ 01：00。採前門上、後門下方式，上車時刷 Andante 儲值卡付費，票價和地鐵一樣按區域劃分，共有 8 個區（Z2 ～ Z9），觀光客多在 Z2 範圍移動，單程票 € 1.2、1 日票 € 4.15。若無 Andante 儲值卡也可上車購票、售價 € 1.85。公車站內雖有班次表，但不少時候僅供參考，車頭的電子面板會標示路線與終點站，可由此判別車班與車行方向。基本上，僅有在通勤時間才會擠得水洩不通，到站前請記得先到門口等候下車。

復古電車 Proto Tram City Tours
懷舊老 3 線

INFO

Proto Tram City Tours
portotramcitytour.pt
portotramcitytour.pt/
Porto-Tram-City-Tours.pdf

　　不讓里斯本的電車 28 號專美於前，波爾圖也有 3 條以復古電車運行的觀光路線，分別為駛於歷史城區東側的 22 路、西側的 18 路，以及沿杜羅河畔一路向西的 1 路。車票一律上車購買，不適用 Andante Tour 坐到飽方案，單程票 € 2.5、1 日票 € 8，營業時間為 09：00 ～ 19：00，平均 20 ～ 30 分鐘一班。22 路是以 Carmo（卡莫教堂）為起訖點的循環線，「Carmo → Praça Batalha（戰鬥廣場）→ Carmo」單趟需時 30 分；18 路是以 Museu do Carro Eléctrico（電車博物館）為起訖點的循環線，「Museu do Carro Eléctrico → Carmo → Museu do Carro Eléctrico」

單趟需時 25 分；1 路則是「Infante → Passeio Alegre」單程線，全程需時 23 分。其中，22 與 18 在卡莫教堂附近均設有「Carmo」停靠站，在此搭乘最為便利，而 1 路則需至聖方濟各堂前、Rua do Infante Dom Henrique 路上的「Infante」站乘坐。

登山纜車 Funicular dos Guindais
相隔百年再登場

　　波爾圖的登山纜車往返於河濱（Ribeira，路易斯一世大橋下層入口對面）與戰鬥（Batalha，距離路易斯一世大橋上層入口 200 公尺）兩站，結構與香港的山頂纜車相似，都屬連結高低差地形的纜索鐵路。纜車啓用於 1891 年，最初功能爲運送貨物，唯兩年後就因事故遭禁，直至 2004 年才再次投入營運，中間停駛超過百年。登山纜車設備新穎，全長 281 公尺（其中自戰鬥廣場出發的 90 公尺路線位在隧道內），爬升高度 51 公尺，行程約 2 ～ 3 分，單趟最多可搭載 25 名乘客。

INFO

登山纜車 Ribeira ⇔ Batalha
- 🕐 4 至 10 月 08:00 ～ 22:00（周五、六延至 00:00）；11 月至隔年 3 月 08:00 ～ 20:00（周五、六延至 22:00）
- 💲 單程 € 2.5
- 🌐 metrodoporto.pt/frontoffice/pages/295

杜羅河遊船 Cruise of the Six Bridges in Oporto
50 分鐘的巡航

　　杜羅河畔有多家觀光遊船公司，最常見的莫過「Cruise of the Six Bridges in Oporto」巡遊行程，顧名思義，是以乘船方式穿越杜羅河上的 6 座橋。乘船點多數在河濱（Ribeira）或蓋亞鎮碼頭（即靠近路易斯一世大橋兩端的杜羅河畔），整趟航程 50 分鐘，營運時間爲 10：00 ～ 18：30，費用一人 € 15 起跳。乘著復刻的運酒船巡遊其間，兩岸景致繽紛變換，輕鬆徜徉在悠哉緩慢的波爾圖舊時光。

INFO

PortoDouro
- 🌐 portodouro.com
- 🔍 提供多款杜羅河巡遊行程，進入網站後點選「Douro River Cruises」，即列出不同天數（1～3 日）、不同內容（純遊覽 € 15、含晚饗與音樂 € 80）等選項，亦可在線預約

蓋亞鎮纜車 Teleférico de Vila Nova de Gaia
5 分鐘的驚豔

　　欲飽覽杜羅河兩岸清麗絕倫的景致，除徒步穿越路易斯一世大橋，也可仰賴建於蓋亞鎮河畔的空中纜車，凌空鳥瞰整座城市。2011 年開通的蓋亞鎮纜車，總長 562 公尺，共有 14 個客艙、每艙可載 8 人（可選擇是否與他人併艙），單程需時 5 分鐘。蓋亞鎮纜車以黃色 T 為識別符號，起訖點分別為高處的「路易斯一世大橋蓋亞鎮端」與低處的「酒莊聚集區」，搭乘纜車可獲得波特酒的免費試飲券，僅需沿著河畔的酒莊一條街（Av. de Ramos Pinto）與券上所附地圖，就可覓得兌換商家。

INFO

蓋亞鎮纜車

🏠 乘車處：Calçada da Serra 143, Vila Nova de Gaia（近路易斯一世大橋蓋亞鎮端、Jardim do Morro 地鐵站旁）

📞 +351 22 374 1440

🕐 4 月 26 日至 9 月 24 日 10:00 ～ 20:00；3 月 24 日至 4 月 25 日、9 月 25 日至 10 月 24 日 10:00 ～ 19:00；10 月 25 日至 3 月 23 日 10:00 ～ 18:00

💲 單程 € 6、往返 € 9　　🌐 gaiacablecar.com

　　波爾圖景點主要集中在歷史城區，範圍由波爾圖市政廳（Câmara Municipal do Porto）至杜羅河間，抵達後可先至鄰近市政廳的旅客服務處索取地圖、購買乘車券或波爾圖卡等。探訪古蹟、教堂之餘，如果行有餘力，不妨任意在巷弄隨興穿梭，肯定會有更多意想不到的發現與趣味。

INFO

波爾圖旅客服務處

🄲 Rua Clube dos Fenianos 25　　　　　　　　🕿 +351 22 339 3472

🄲 6 至 10 月 09:00 ～ 20:00；11 月至隔年 5 月 09:00 ～ 19:00，關門後至午夜前移往隔壁警察局提供服務（Polícia: divisão de turismo）

🄼 Aliados 地鐵站以北 200 公尺

🚶 波爾圖主教座堂旁、里貝拉廣場與蓋亞鎮濱杜羅河畔的步行街上（Av. de Diogo Leite 242）亦設有旅客服務處，營運時間為 10:00 ～ 19:00

路易斯一世大橋 Ponte de Dom Luís I

艾菲爾鐵塔的「躺」兄弟

　　橫跨杜羅河的路易斯一世大橋，1881 年開工、1886 年落成，總長 385.25 公尺，最高處距離河面 394 公尺。橋體分為上下兩層，分別供地鐵、車輛行駛，上下皆設有人行道，為波爾圖市內的交通樞紐與代表性景點。大橋建於國王路易斯一世期間，這位致力改善葡國民眾生活與提升國際地位的優秀領導者，特地邀請法國名建築師艾菲爾（Alexandre Gustave Eiffel，1889 年竣工的艾菲爾鐵塔為其

代表作）在杜羅河上搭建兩座純鋼結構大橋。1877 年，先完工的橋梁以皇后瑪麗亞命名爲瑪麗亞大橋（Ponte Maria Pia，1991 年因聖橋安鐵路橋（Ponte de São João）開通而退役），後者就是以國王命名。特別的是，現今仍在使用、整體風格與艾菲爾鐵塔相仿的路易斯一世大橋，其實並非出自艾菲爾本人之手，而是由小他 11 歲的前副手 Théophile Seyrig 規劃建造，這其中更暗藏師徒反目的拆夥祕辛。

　　1876 年，艾菲爾建設公司接到建造兩座大橋的委託案，先執行的瑪麗亞大橋交由當時艾菲爾的副手 Théophile Seyrig 全權負責，他爲此付出大量心力，甚至移居波爾圖監工，反觀大名鼎鼎的老闆則是鮮少聞問。落成典禮上，市長大力表揚艾菲爾的成就，親自出席的他也欣然笑納，看在爲人作嫁的徒弟眼裡相當不是滋味。不久，Théophile Seyrig 負氣離職、另創工作室，更搶走路易斯一世大橋的工程⋯⋯只是，他雀屏中選的理由並非設計實力優於艾菲爾，僅是造型相似且造價較低而已。

INFO

路易斯一世大橋

⌂ 跨越杜羅河、連結市中心與蓋亞鎮

▦ 市中心端下層，São Bento 地鐵站以南 750 公尺、登山纜車 Ribeira 站即達；市中心端上層（入口旁有間中餐館「中國酒家」），São Bento 地鐵站以南 300 公尺、登山纜車 Batalha 站西南 200 公尺。蓋亞鎮端上層，Jardim do Morro 地鐵站以北 100 公尺

里貝拉廣場 Praça da Ribeira

徜徉杜羅河畔

里貝拉在葡文的譯意為河濱，顧名思義就是一座位於杜羅河畔的廣場，範圍沿河岸向兩側延伸。里貝拉廣場是波爾圖最古老的廣場之一，屬於世界遺產「波爾圖歷史中心」的一部分，中世紀時，這裡已是繁忙的商業與製造業中心，1491年遭到嚴重祝融，廣場東側多為15世紀末災後重建的建築，樓房底層建有拱廊，路面也在此時鋪上石板。

INFO

里貝拉廣場

🏠 Rua de São João 與 Cais da Ribeira 交接處

🚇 São Bento 地鐵站西南650公尺、登山纜車 Ribeira 站以西300公尺

廣場北側有座三層樓高、初建於17世紀的巨型噴泉，上方刻有葡萄牙國徽，噴泉在1980年經考古發掘、2000年完成原地重建，並立有一尊由葡萄牙現代雕塑家 João Cutileiro 創作的聖若翰洗者雕像。時至今日，里貝拉廣場周邊不僅有許多觀賞河景的餐館與酒吧，往路易斯一世大橋方向可見綿延數公尺的紀念品攤位，也可於此搭乘遊船出航，是遊客如織的熱門景點。

景 證券交易宮 Palácio da Bolsa

浴火「金」生

　　座落於波爾圖歷史城區的證券交易宮，屬新古典主義風格，由葡萄牙建築師 Joaquim da Costa Lima Júnior 設計。證券交易宮的興建源於 1832 年一場皇室內戰引起的火災，導致聖方濟各堂的迴廊遭到焚毀，繼任的女王瑪麗二世將廢墟贈與商會，轉作商業發展用途。1842 年證券交易所動工， 8 年後建築本體竣工，極盡富麗的內部裝潢則持續近 70 年才告完成，期間參與的藝術家與工匠高達百人。

　　證券交易宮的中央主廳（Pátio das Nações）以圓形穹頂連結八角型透明玻璃覆蓋，周圍裝飾葡萄牙及 19 世紀與其有貿易往來的國家國徽，而位於庭院後方、通往二樓的華麗梯廳則使用大理石建材，搭配天頂壁畫與兩盞重達一頓的巨型吊燈，盡顯海權大國的泱泱氣派。

二樓各廳室同樣美輪美奐，其中名氣最響的莫過摩爾式風格的阿拉伯房間（Salão Árabe），其以西班牙格拉納達的阿爾罕布拉宮（Alhambra）為藍本，廳內運用具透光性的寶藍彩色玻璃，絢爛非凡的裝飾風格耀眼奪目，反映當時對精緻豪奢的定義。目前證券交易宮已從平民止步的貴族場域，轉變為對外開放的世界遺產，唯仍保有貿易磋商和商業會談的功能。

阿拉伯房間

INFO

證券交易宮

🏠 Rua de Ferreira Borges　　　　📞 +351 22 339 9000

🕐 4 至 10 月 09:00 ～ 18:30；11 月至隔年 3 月 09:00 ～ 12:30、14:00 ～ 17:30

💲 € 8.5（一律需參加導覽團，全程約 30 分鐘）

⭐ 持波爾圖卡折扣 50%　　　　　　🚇 São Bento 地鐵站西南 650 公尺

🔵 facebook.com/palaciobolsa、palaciodabolsa.com

📝 導覽團有葡語、英語、法語、西語 4 種，售票處電子看板會列出開團時間與參加人數百分比，如顯示 100% 額滿即無法報名，一般英語團最熱門，需預留 30 分鐘至 1 小時的等待時間；如遇交易宮內舉辦會議則不開放

聖方濟各堂 Igreja de São Francisco

歐洲最奢．貼金教堂

　　被譽爲全歐最奢華教堂的聖方濟各堂，是波爾圖最負盛名的哥德式建築，以精緻繁複的巴洛克風格裝修聞名於世。別於今日風光，聖方濟各堂的歷史其實相當坎坷：1223 年初到波爾圖的方濟各會，在當地主教爲首的多個修會抵制下遭到沒收土地，拖了近 20 年才有屬於自己的修道院與供奉方濟各的小堂，直到 1383 年獲得國王斐迪南一世的贊助，於 1425 年建造一座平凡而樸素的哥德式教堂，爾後不少波爾圖的望族都在此安葬。

INFO

聖方濟各堂
🏠 Rua do Infante D. Henrique
📞 +351 22 206 2125
🕐 7至9月09:00～20:00；3至6月、
　 10月 09:00 ～ 19:00；11月至隔年
　 2月 09:00 ～17:30
💶 € 4.5（教堂簡介 € 1）
★ 持波爾圖卡票價 € 3.5
🚇 同證券交易宮

　　命運的轉折發生在 18 世紀上半葉，隨著葡萄牙得到來自殖民地巴西的大量黃金，母國財富快速累積，造就千載難逢的繁榮勝景，聖方濟各堂內部的藝術雕琢也隨之展開。教堂以高達 600 公斤的純金包裹，從內牆、廊柱、屋頂、祭壇與側面小堂表面一律鍍金，堂內依天主教聖人族譜完成的雕刻精緻細膩，最上端爲手抱小耶穌的聖母，種種豐富貴氣的巴洛克裝飾造就其「黃金教堂」的美名，可惜堂內不准攝影。

翻拍自明信片

恩里克王子廣場 Praça do Infante D. Henrique

皇子的雄心

鄰近證券交易宮的正方形廣場，正式名稱為恩里克王子廣場，藉此彰顯他在 15 世紀初對海洋探險的熱中與付出。

恩里克王子雖爲約翰一世的四子，本身卻不具王儲身分，他致力投身當時認爲「風險極高、收穫極小」的非主流航海事業，在未獲當局重視的情況下持續耕耘，於葡萄牙西南端海角薩格里什（Sagres）成立世界首間航海學校，建設天文台、船廠、港口等設施，並開始有系統地研究航海科學和技術，爲日後的地理大發現奠定堅實基礎。

另一提，澳門慣稱恩里克王子爲「殷皇子」，半島南灣的殷皇子大馬路也是紀念這位熱中海上探險的先驅者。

INFO

恩里克王子廣場

🏠 Jardim do Infante Dom Henrique
🕐 全天
🚇 São Bento 地鐵站西南 650 公尺
📷 廣場後方的紅色建築物為 1885 年興建的費雷拉博爾赫斯市場（Mercado Ferreira Borges），目前一樓是展覽與文化交流場地、二樓為餐廳

景 波爾圖主教座堂 Sé do Porto

隱藏的華麗

　　主教座堂始建於 12 世紀初、13 世紀完工，爲波爾圖最具歷史、葡萄牙最重要的羅馬式建築之一。主教座堂立面兩側各有一座方形鐘樓，整體結構厚實、對稱堅固、沒有繁複花俏的裝飾，視覺上顯得質樸穩重，與雕琢華麗的歐洲教堂大異其趣。主教座堂曾進行多次整修增建，除立面大致保持原狀，其餘陸續滲入哥德、巴洛克等風格，別於宛若城堡的內斂外型，17 世紀內部增建的部分就是以巴洛克藝術爲主體，富麗堂皇的祭壇和廊柱、巧奪天工的玻璃玫瑰窗，精雕細琢的程度絲毫不遜皇家宮殿。主教座堂的寶庫及聖器室位於與主體連結的白色樓房內，收藏並展示 14 ～ 19 世紀舉行宗教儀式的宗教珍寶，其內廊道兩側與館內牆面繪有完成於 18 世紀的磁磚畫，展覽室因爲館藏豐富密集，令人加倍震撼。

INFO

波爾圖主教座堂

🏠 Terreiro da Sé

📞 +351 22 205 9028

🕐 4 至 6 月 09:00 ～ 12:30、14:30 ～ 19:00；7 至 9 月 09:00 ～ 19:00；11 月至隔年 3 月提早至 18:00 關門（寶庫周日上午休）

💲 教堂區域免費、庭院＋寶庫＋聖器室 € 3

⭐ 持波爾圖卡折扣 35%

🚇 São Bento 地鐵站以南 300 公尺

聖本篤火車站 Estação Ferroviária de Porto - São Bento

有「磚」長

1916 年啓用的聖本篤火車站，以大量描繪葡萄牙歷史的磁磚畫聞名於世，不僅獲得「世界最美車站」殊榮，傳聞更是哈利波特中「九又四分之三月台」的發想地。聖本篤火車站的現址在 16 世紀時爲天主教隱修會本篤會的修院，19 世紀末荒廢，後改作車站用途，站體由波爾圖出身的建築師 José Marques da Silva 設計，受到法國美術學院派（Beaux-Arts style）影響，建築以古典風格爲主軸。

聖本篤火車站的「美」自踏入車站大廳的瞬間就令人摒息，舉目所見盡是葡萄牙藝術家 Jorge Colaço 使用兩萬塊藍白傳統磁磚、耗時 11 年才告完成的磁磚畫，畫作內容包羅萬象，從恩里克王子攻占摩洛哥重鎮休達的歷史場景到波爾圖的舊時生活，藝術氣息與細膩美感兼備。除了觀光，聖本篤火車站也是連結葡萄牙北部地區的交通樞紐，可由此乘車至吉馬良斯、布拉加、阿威羅等地。

INFO

聖本篤火車站
🏠 Praça de Almeida Garrett
📞 +351 70 721 0220
🕐 05:00 ～ 01:00
💲 免費
🚇 São Bento 地鐵站西北 80 公尺

景 花街 Rua das Flores

老街像花兒一樣

　　花街是波爾圖歷史城區內一條平緩易走（相較城內許多無止境的樓梯路而言更顯可貴）的散步路線，街道兩側從建築本體、外牆設計到窗台裝飾處處是看點。顧名思義，花街最初是一座鬱鬱蔥蔥的花園，16 世紀上半開闢成街道，因臨近港口而吸引藝品匠師（補鞋匠、鎖匠、石匠、鐵匠等）聚居，隨著城市發展，不少商人、理髮師、醫師、法官與神職人員也陸續遷入，造就街道多元豐富的底蘊。走在擁有數百年歷史的花街，處處是引人入勝的驚喜，商店、民宿、餐館、博物館、雜貨鋪、葡萄酒行等皆開設在 16、17 世紀建成的古蹟內，步行其間有種穿越古今的錯覺。Livraria Chaminé da Mota（絕版書與古董專賣店）、慈悲教堂（Igreja da Misericórdia）、MMIPO 博物館（Museu da Misericórdia do Porto）等，看點包羅萬象，走在花街，放慢腳步準沒錯！

INFO

花街

🏠 São Bento 地鐵站至藝術宮（Palácio das Artes）間

🚇 São Bento 地鐵站即達

教士堂 Igreja dos Clérigos ＋教士塔 Torre dos Clérigos

洗滌心靈雙重奏

　　教士堂是一座巴洛克式天主教堂，完成於 18 世紀中，由義大利建築師 Niccoló Nasoni 設計。教堂立面為雕刻成貝殼、花環等具洛可可代表性的複雜圖案，厚實而華美；內部從管風琴到祭壇皆以璀璨金色為主軸，裝飾華麗之餘亦蘊含寧靜安詳的氣氛。

　　晚幾年建成的教士塔同屬巴洛克風格，塔高 75 公尺，材質以花崗岩、大理石為主，早期一度是全國最高的建築物，往來船隻都將其視為波爾圖的象徵與地標。教士塔頂可 360 度環視整座城市，

高 75 公尺的教士塔

旅客欣賞周圍建築物之餘，也可搭配眼前的世界高樓（含臺北 101）資訊牌，體會箇中「高低」。只是，在享受無價美景前，得先熬過數百階的細窄螺旋石梯，梯間窄度可比摸乳巷，無錯身或喘息的空間，加上後有追兵、無暇休息，登上塔頂者無人不面紅耳赤、滿頭大汗。

INFO ·············

教士堂＋教士塔
🏠 Rua de São Filipe de Nery（由教士堂側面購票入內）
📞 +351 22 014 5489
🕐 09:00 ～ 19:00
💲 教堂＋登塔 € 4
🚇 São Bento 地鐵站以西 400 公尺
🌐 torredosclerigos.pt

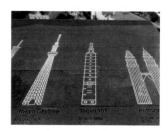
台北 101 名列高樓排行榜

景 萊羅兄弟書店 Livraria Lello & Irmão

世界最美＋羅琳最愛

1906 年開幕的萊羅兄弟書店，位於葡萄牙工程師 Francisco Xavier Esteves 設計的新哥德式建築內，以曲線形樓梯與大幅彩色玻璃頂窗最受矚目，走進書店，彷彿踏進華麗高貴的魔幻世界。萊羅兄弟的盛名源於作家與媒體的推崇，主要是在英國《衛報》2008 年發表的「最佳書店」報導名列第三（一、二名分別是荷蘭‧馬斯垂克的「天堂書店」與阿根廷‧布宜諾斯艾利斯的「雅典人書店」），以及被《孤獨星球》選為世界最美書店第三名。當然，《哈利波特》作者 J.K. 羅琳的加持更是一大助力，她移居波爾圖期間經常流連於此，傳聞霍格華茲魔法學院的靈感，正是來自書店內細緻雕琢的螺旋樓梯。

哈利波特裝置藝術

需先至門市購買入場券

葡萄牙旅圖攻略

Part
5

「葡」醉酒鄉——波爾圖

儘管已是觀光客趨之若鶩的景點，萊羅兄弟的本質仍是書店，一樓高聳的頂天木櫃裡放滿各種類型的書籍，還有專責運書的書車軌道與推車。在最美書海中走累了，可到二樓的沙發座位小歇，體驗羅琳的波爾圖時光。除了書店本身，其隔壁的禮品行 Fernandes, Matos & Cª Lda 與對面的小型商店街 Passeio dos Clérigos 也頗值一逛，前者販售鐵皮模型車、復古文具、音樂盒、手工皂、藤編器具、造型瓷器等兼具設計感與復古趣味的創意商品；後者的屋頂上種著青青綠樹，是環保與設計融合的綠建築佳作。

隔壁禮品行 Fernandes, Matos & Cª Lda　　萊羅兄弟書店拍照打卡熱點

INFO

萊羅兄弟書店
🏠 Rua das Carmelitas 144
🕐 10:00 ～ 19:30（周六、周日提早至 19:00）
🚌 São Bento 地鐵站西北 500 公尺
☎ +351 22 200 2037
💲 € 4

🗒 門票需先至書店上坡處的 166 號門市購買，門口工作人員會代抽號碼牌，待銀幕顯示號碼，再至櫃檯購票。櫃檯後方設有寄物櫃，存物時需付€1，取物時退還。票價可抵購書消費，一本書至多折扣一張票價（不含文具類用品）

景 卡莫教堂 Igreja do Carmo

「磚」美麗

　　抵達波爾圖前，必然會將貼滿磁磚畫外牆的教堂列為朝聖重點，但走進這座城市便會發現，這類藍白色調的花磚教堂其實並不罕見，鄰近萊羅兄弟書店的卡莫教堂就是一例。教堂落成於 18 世紀中，屬巴洛克、洛可可風格，側面有一大片磁磚畫，內容描繪天主教加爾默羅隱修會創立與迦密山的故事，整體狀態極佳、保存完整，人物表情清晰細膩、栩栩如生，全然展現葡國磁磚畫的高超技巧；堂內則使用大量鍍金裝飾，金碧輝煌令人目不暇給。有趣的是，卡莫教堂一側與加爾默羅教堂（Igreja dos Carmelitas）緊鄰，彼此相連但不相通，形成孿生教堂的特殊場景。

INFO

卡莫教堂

🏠 Praça de Gomes Teixeira 10（波爾圖大學斜對面）　　　📞 +351 22 332 2928
🕐 08:00 ～ 18:00（周五至 17:30、周六至 16:00）　　　💲 免費
🚇 São Bento 地鐵站西北 600 公尺
🚃 卡莫教堂對面、波爾圖大學側面為 18、22 路復古電車停靠站「Carmo」，可由此搭乘、單程車資 € 2.5（上車購票，不適用 Andante Tour 坐到飽）

景 自由廣場 Praça da Liberdade

波爾圖之心

自由廣場的興起源於 20 世紀聖本篤火車站的落成、市政廳的遷入與同盟大道（Av. dos Aliados）的開通，現爲交通要道、旅遊景點及政經中心。

廣場中央立有法國雕塑家 Célestin Anatole Calmels 創作的佩德羅四世騎馬青銅雕像；西側爲葡萄牙銀行（Banco de Portugal）波爾圖分行；南側是 1788 年建成的五星級飯店 Palácio das Cardosas（本爲修道院、立面屬新古典主義風格）；東側爲建於 18 世紀的聖安東尼堂（Igreja de Santo António dos Congregados），其立面以磁磚畫裝飾，內部屬巴洛克風格，莊嚴華麗、璀璨奪目。

INFO

自由廣場

🏠 Rua Dr. António Luís Gomes 320
🕐 全天
🚇 Aliados 地鐵站以南 100 公尺

聖安東尼堂

🏠 Rua Sa da Bandeira 11
🕐 07:15 ～ 18:30
💲 免費
🚇 São Bento 地鐵站以北 100 公尺
🌐 igrejacongregados.com

📞 +351 20 022 2948

戰鬥廣場 Praça da Batalha

戰鬥前世＋悠哉今生

10 世紀時，波爾圖居民與信仰伊斯蘭教的摩爾人爆發激烈衝突，戰後城市被夷爲平地，這座 16 世紀建造的廣場便是以這場兩敗俱傷的戰爭命名。廣場中央的佩德羅五世（Pedro V）脫帽立身像，完成於 1866 年，藉以紀念這位勤政愛民卻因霍亂早逝的國王；東側爲 1947 年落成、本地建築師 Artur Andrade 設計的現代主義風格建築：戰鬥電影院（Cine-Teatro Batalha），以及建於 18 世紀下半的紅色建築物戰鬥宮（Palácio da Batalha，現爲四星級旅館 Hotel NH Collection Porto）；南側是由建築師 José Marques da Silva 設計的聖若翰國家劇院（Teatro Nacional São João）；西側爲建於 18 世紀上半、超過萬塊磁磚裝飾的巴洛克式聖伊爾德豐索教堂（Igreja Paroquial de Santo Ildefonso）。

戰鬥廣場爲該地區的文化中心及交通樞紐，周邊有許多古蹟、旅社、咖啡廳、餐館等，相較里貝拉與自由廣場，更多了屬於在地人的悠閒氛圍。戰鬥宮旁有一間郵

局（ctt correios，紅底白字、騎馬標誌），可寄送明信片（至非歐洲地區€ 0.8），往巷弄走，也可一窺波爾圖本地兼具懷舊與生活氣味的居家風景。

INFO

戰鬥廣場
- Rua de Augusto Rosa 192
- 全天
- São Bento 地鐵站以東 450 公尺
- 18、22 路復古電車終站，電車在此稍停後會再循原路開回卡莫教堂

郵局 ctt correios: BATALHA PORTO
- Rua de Entreparedes 1
- +351 70 726 2626
- 周 一 至 周 五 09:00 ～ 18:00
- ctt.pt

景 波爾圖傳統市場 Mercado do Bolhão

波爾圖廚房

　　隱身兩層建物內的波爾圖傳統市場始於 1850 年，市場外觀極具歷史感、高聳鐵門展露往日氣派，市場內部包羅萬象，舉凡波特酒、起司、乾果、醃漬橄欖、香腸火腿、生鮮肉品、蔬菜水果、新鮮或乾燥花等各式專賣店無一不缺，也有開價較觀光區實在、貨色齊全的紀念品鋪。

　　市場分區清晰，毗鄰道路的四個面向都有入口，擺放整齊的水果攤色彩鮮豔，位於一樓中央的小房子攤位同樣賞心悅目。

INFO

波爾圖傳統市場

🏠 Rua de Santa Catarina、Rua Formosa 叉口
📞 +351 22 332 6024
🕐 周一至五 07:00 ～ 17:00、周六 07:00 ～ 13:00（周日休）
🚇 Bolhão 地鐵站以南 200 公尺
🌐 merceariadobolhao.com

聖靈教堂 Capela das Almas

傳說中的藍磁磚教堂

波爾圖市內以磁磚畫為牆面的教堂為數不少，其中名聲最響的，莫過被暱稱是「藍磁磚教堂」的聖靈教堂。教堂主體建於 18 世紀初，最醒目的 360 平方公尺磁磚畫則完成於 1929 年，是由葡萄牙陶藝家與畫家 Eduardo Leite 繪製的作品，總計使用 15,947 塊磁磚。作品雖完成於 20 世紀，卻是完美復刻 18 世紀的古典風格，內容描述聖方濟各之死（The Death of St. Francis of Assisi）、聖凱薩琳的殉道（The Martyrdom of St. Catherine）等聖經故事和宗教事件。

INFO

聖靈教堂

🏠 Rua de Santa Catarina 428　　　　📞 +351 22 200 5765
🕐 07:00 ～ 13:00、15:30 ～ 19:00；周三至周五 07:30 ～ 19:00；周日 07:00 ～ 13:00、18:00 ～ 19:00
💲 免費　　　　🚇 Bolhão 地鐵站即達

波爾圖周末跳蚤市集 Feira da Vandoma

葡國淘寶趣

造訪波爾圖除了探訪古蹟，也能覓得有緣舊物！舉凡衣物飾品、鍋碗瓢盆、舊書唱片、古董油燈、插頭電線、電鑽油壓剪、汽車方向盤等，無論多麼千奇百怪的 N 手貨、古董貨都能在周六跳蚤市集見著，確是名符其實要啥有啥的

「賊仔市」。多年來，市集都在杜羅河畔的 Passeio das Fontainhas 舉行，直到 2016 年初才遷移至現址，市集封閉一整條道路舉行，盡管距離市中心有段距離、周遭環境偏僻，所幸人潮洶湧不減往年、市集依舊熱鬧滾滾。

千萬提醒愛舊貨的朋友，逛攤位時務必留意隨身細軟，提防第三隻手，遇擁擠時務必抱緊背包、抓牢相機、與人群保持距離，尤其掏錢購物更要加倍小心！

INFO

波爾圖周末跳蚤市集

🏠 Av. 25 de Abril
🕐 周六 08:00 ～ 13:00
🚇 Campanhã 地鐵站以北 850 公尺

景 皮拉爾山修道院 Mosteiro da Serra do Pilar

天然腳架

位於蓋亞鎮的皮拉爾山修道院相當顯眼，由於地勢較高，是眺望蓋亞鎮、杜羅河兩岸與路易斯一世大橋的最佳位置之一。修道院始建於 1537 年、1672 年完工，屬矯飾主義風格，由葡萄牙建築師 Diogo de Castilho 與雕塑家 João de Ruão 共同設計，獨特的圓形穹頂與迴廊為其最大特色。1830 年代，曾因內戰遭受攻擊而嚴重毀壞，20 世紀修道院獲得恢復與保護，並納入波爾圖歷史城區範圍。

INFO

皮拉爾山修道院

🏠 Largo de Aviz, 4430-329 Vila Nova de Gaia
📞 +351 22 014 2425
🕐 4 至 10 月 10:00 ～ 18:30、11 月至隔年 3 月 10:00 ～ 17:30
💲 € 2
🚇 Jardim do Morro 地鐵站西側 350 公尺（沿地鐵路線繼續往南，見指標迴轉爬一段斜坡即達）

美食

波爾圖市內聚集各式樣的出色美食，從杜羅河畔酒吧、鬧區講究餐館到本地人偏好的巷弄小吃，都可以合理的價格滿足好奇的味蕾。餐館主要集中在自由廣場周邊及其以北的同盟大道兩側，而沿著杜羅河的里貝拉廣場一帶同樣餐廳林立。在波爾圖，有兩道不容錯過的在地名菜──暱稱「溼答答三明治」的 Francesinha 和直譯為「波爾圖豬下水」的 Tripas à Moda do Porto（簡稱 Tripas／Tripeiros），前者在葡萄牙北部咖啡店經常可見，後者則是傳統餐館的必點招牌。特色料理加上最美麥當勞與最美咖啡館，在波爾圖的日子，餐餐都是令人驚喜的新發現！

碼頭葡萄酒吧 Wine Quay Bar

饗食杜羅河畔

餐廳地處杜羅河畔的最佳位置，不僅可以恰到好處的距離欣賞路易斯一世大橋，更能品嘗店家精心挑選的波特酒與下酒菜。店員態度親切專業，對菜單內容瞭若指掌，如果拿不定主意可請對方推薦適合的酒與食物，相信會是令人滿意的葡式饗宴。既名為葡萄酒吧，店家對酒自然十分講究，搭配精心挑選的起司、生火腿、香腸、醃漬橄欖、茄汁沙丁魚與剛出爐的麵包食用，大大提升兩者的美味。

INFO

碼頭葡萄酒吧

🏠 Cais da Estiva 111／111 E 112 Muro dos Bacalhoeiros
🕐 16:00～23:00（周日休）
🚇 São Bento 地鐵站西南 750 公尺
🎫 里貝拉廣場、聖方濟各堂、證券交易宮、恩里克王子廣場、路易斯一世大橋
📷 facebook.com/WineQuayBar
　　winequaybar.com
📞 +351 22 208 0119
💲 人均：€ 20～30

🚫 戶外用餐可能遇上海鷗飛來爭食，店家會為遭搶的受害者免費更換餐點，並借水槍給客人驅逐「海賊」

食 轉角餐館 Barrete Encarnado

道地媽媽味

　　波爾圖豬下水是將牛小腸與豬肉、豬耳朵、培根、牛肚、葡萄牙香腸／血腸、豬內臟，以及紅蘿蔔、白豆，再加上孜然、巴西利、月桂葉等香料一同燉煮而成，口感香濃黏稠且帶有孜然風味，爲波爾圖餐館必備的傳統料理。料理豬下水的起源與 15 世紀初恩里克王子出征休達前，波爾圖市民自發性地將城內所有肉類供給遠征軍，自己則將殘餘的豬、牛下水與大量蔬菜、香料煮熟食用，直至今日，滷豬下水已成爲波爾圖的招牌菜。

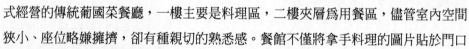

　　位於細窄巷弄交會處的轉角餐館，是間家庭式經營的傳統葡國菜餐廳，一樓主要是料理區，二樓夾層爲用餐區，儘管室內空間狹小、座位略嫌擁擠，卻有種親切的熟悉感。餐館不僅將拿手料理的圖片貼於門口

兩側，讓不識葡文的來客得以「按圖索菜」，更佛心的是，每道菜的價位多在€6 上下，且道道分量充足，供兩人食用綽綽有餘。其中，波爾圖豬下水的火侯與調味皆恰到好處，運用香料使內臟無腥臭味之餘，亦完美掌握食材的熟度，白豆軟糯香濃，牛肚、香腸、豬肉等也保有Q彈口感。

INFO

轉角餐館

🏠 Rua da Bainharia 4/ Travessa da Bainharia 24
📞 +351 22 205 9876
🕐 12:00 ～ 14:30、19:00 ～ 23:00
💲 波爾圖豬下水€ 4、烤魷魚（Lulas Grelhadas）€ 7（人均：€ 10 ～ 15）
🚇 São Bento 地鐵站西南 400 公尺
🔍 花街、恩里克王子廣場、里貝拉廣場、波爾圖主教座堂

帕小姐咖啡館 Miss Pavlova

隱藏的網紅

2013 年開業的帕小姐最早透過臉書販售蛋糕，由於用料實在、選材新鮮，很快在網路打響名號，兩年後在波爾圖市中心開設實體店。帕小姐最擅長製作鬆脆酥皮與奶油餡的糕點，暢銷品奶油水果蛋白霜入口即化、黑森林蛋糕綿密香濃、甜度恰好（適合臺灣人口味）、檸檬蛋糕酸味正而足、入口即化，其餘烤麵包、三明治和咖啡茶飲都在水準以上。帕小姐與文創雜貨店共用店面，門口右側玻璃貼有店名並放置蛋糕，穿過雜貨店走至最尾端就可見到咖啡館。

INFO

帕小姐咖啡館

🏠 Rua do Almada 13
🕐 周二至六 12:00 ～ 19:30；周日 14:30 ～ 19:00
🚇 São Bento 地鐵站西北 250 公尺
🔍 自由廣場、聖安東尼堂、聖本篤火車站、花街、教士堂、萊羅兄弟書店
📷 facebook.com/misspavlova.pt
misspavlova.pt

📞 +351 91 597 9517
💲 蛋糕 € 3 起（人均：€ 5 ～ 10）

帝國麥當勞 McDonald's Imperial

地表最美「麥」皇宮

千里迢迢來到波爾圖，竟然專程去吃麥當勞？如此「癡情」倒非爲了探查葡萄牙的大麥克指數，而是要參觀這座地表最美的「速食殿堂」！水晶吊燈、浮雕壁畫、彩繪玻璃、寬敞古典的挑高空間；

通常只會出現在貴氣餐館的講究裝潢，使隨處可見的麥當勞，一躍成爲趨之若鶩的熱門地標。實際上，帝國麥當勞所在的建築物已有超過 80 年歷史，前身是曾經叱吒一時的帝國咖啡館，牆上以採咖啡豆、飲咖啡爲主題的彩繪玻璃便是源於當時。咖啡館歇業後，麥當勞於 1995 年底接手經營，2008 年進行大規模整修，在原有的基礎上加以修護，門口象徵帝國咖啡館的雄鷹雕像亦繼續保留。

帝國麥當勞
🏠 Praça da Liberdade 126
📞 +351 22 201 3248
🕐 08:00 ～ 01:00（周五、周六延至 02:00）
💲 € 5 ～ 10
🚇 São Bento 地鐵站以北 200 公尺
🔍 自由廣場、聖安東尼堂、聖本篤火車站、花街

食 熱狗小吃店 Cervejaria Gazela

起司牽絲＋麵包酥脆＝波爾圖第一狗

　　僅僅只有 40 平方公尺、15 個座位的迷你小店，卻是榮登「波爾圖最美味」辣味起司熱狗（Cachorro）寶座的絕世高手，當地人絡繹不絕就爲「這一狗」！店鋪由父子經營，三人六手合作無間，熱狗經過煎檯烤爐的雙重淬鍊，淋上特製醬料、起司夾入現烤麵包，彼此水乳交融，光是目睹製作過程就已口水直流。

　　不僅如此，老闆還會將熱狗切成適於入口的大小，讓食客可以優雅地品嚐箇中美味，小小一盤大大滿足。除了招牌熱狗，也販售焦香濃郁的牛肉堡，搭配沁涼的葡萄牙博克啤酒（Super Bock，口味特殊、後勁強）或葡萄牙夏派汽水（Sumol），就是最道地的庶民風味。

熱狗小吃店
🏠 Tv. Cimo de Vila/ 171, Praça da Batalha 72（戰鬥廣場旁巷內）
📞 +351 22 205 4869
🕐 12:00 ～ 22:30
　　（周六提早至 17:00、周日休）
💲 熱狗 € 3.2、牛肉堡 € 3.6、汽水 € 1.6、啤酒 € 1.45（人均：€ 5 ～ 10）
🚇 São Bento 地鐵站以東 500 公尺
🔍 戰鬥廣場、聖本篤火車站
📘 facebook.com/Snack-bar-Gazela-Cachorrinhos-da-Batalha-141164275959366

山羊腳夫人餐館 Dama Pé de Cabra

慢工細活自信味

　　山羊腳夫人是以優質服務、美味餐點廣受喜愛的小餐館，供應豐盛的早午餐（含麵包、起司、香腸、炒蛋等）與咖啡、甜點等，以多種口味的自製麵包與三明治獲得好評。其中，名為「Torrada」系列的烤麵包為招牌餐點，店家將麵包切成條狀後烤酥，搭配精挑細選的各式果醬一併入口，是兼顧色香味的趣味體驗。

　　餐館內部裝潢清新可愛，店內服務非常周到，唯從點餐、製作到送餐、講解全由4名人手負責，生意忙碌時需耐心等候。友善好客的老闆通曉多國語言，樂於分享對食物的熱情與理想，並且儘量選用葡萄牙本地生產的食材，部分也展示在陳列架銷售。

INFO

山羊腳夫人餐館

🏠 Passeio de São Lázaro 5　　　　　　📞 +351 22 319 6776

🕐 周二至四 09:30 ～ 14:30；周五至六 09:30 ～ 14:30、19:00 ～ 23:00（周日休）

💲 拿鐵€ 1.1、波特酒€ 2.5 ／杯、三明€ 3.4 起、香腸起司拼盤€ 8（人均：€ 10 ～ 20）

🚇 São Bento 地鐵站以東 850 公尺

🔍 波爾圖市圖書館、聖伊爾德豐索教堂、聖靈教堂、戰鬥廣場

聖地牙哥咖啡廳 Café Santiago

傳說中的溼答答三明治

「你吃過溼答答三明治（或法國小女孩）嗎？」曾到過波爾圖的人肯定點頭如搗蒜，這項大名鼎鼎的平民美食正式名稱為 Francesinha，據傳是來自 1960 年代法國移民 Daniel da Silva 的發想，他嘗試將波爾圖傳統菜色融入法式吐司，做出這道大獲好評的混血餐點。Francesinha 的基本款是將肉烤熟後，與起司一同夾入塗抹有蛋液的吐司內，外層覆蓋一大片起司入烤箱加熱，最後再淋上大量鹹香微辣的紅橘醬汁。

儘管成果大同小異，實際卻蘊含各家祕方，左右滋味的靈魂「外層醬汁」更被視為商業機密，除了必備的啤酒與番茄醬，其餘就得各憑本事。開業超過半世紀的聖地牙哥咖啡廳，便以頂著半熟太陽蛋與爆滿薯條的豐盛「溼答答三明治」風靡各大旅遊書和旅遊節目，其 Francesinha ／ Cachorro Santiago（熱狗變形款）是遊人

必嘗的名物。濃郁起司與特調醬汁（類似番茄醬混腐乳醬）令人印象深刻，醃漬的肉排也相當入味，「鹹」可惜的是，特重口味＋特大分量使一人很難獨自解決一份，建議有旅伴同行者可先 2 人共享，若覺意猶未盡再視胃力加點。

INFO

聖地牙哥咖啡廳

🏠 Rua de Passos Manuel 226 ☎ +351 22 041 7880
🕐 11:00 ～ 23:00（周日休）
💲 Francesinha 太陽蛋＋薯條 € 9.5、熱狗 € 6.5、可樂 € 1.4、啤酒 € 1.3（人均：€ 10 ～ 20）
🚇 Bolhão 地鐵站東南 500 公尺、São Bento 地鐵站以東 650 公尺
🔍 聖伊爾德豐索教堂、聖靈教堂、戰鬥廣場
📷 facebook.com/CafeSantiago.Porto
　caferestaurantesantiago.com.pt
🔖 附近另有分店 Café Santiago F（Rua de Passos Manuel 198）

雄偉咖啡廳 Majestic Café

世界最美＋羅琳最愛 2.0

1921 年開幕的雄偉咖啡廳名列全球十大最美咖啡館，由建築師 João Queiroz 設計，整體概念源於 20 世紀初蓬勃發展的新藝術運動（Art Nouveau），特色是將自然元素融入藝術，呈現具流動感的植物線條。咖啡廳走奢華歐風路線，華麗吊燈、細緻雕塑、精雕真皮座椅將室內裝飾得美輪美奐，不僅家具講究，餐具也使用葡萄牙首屈一指的陶瓷品牌 Vista Alegre。

長年來，咖啡廳深得文人墨客喜愛，經常在此討論政治、社會、哲學、藝術、文學等議題，近期最出名的顧客就是 J.K. 羅琳，她定居波爾圖、構思《哈利波特 —— 神祕的魔法石》期間經常光顧，咖啡廳因此成為書迷的朝聖地。雄偉咖啡廳雖然訂價偏高，但環境氛圍、服務態度皆屬上乘，食物也有中上水準。儘管店家沒有明文規定「消費才可拍照」，但若時間允許不妨坐下喝杯咖啡，靜靜品味這份底蘊深厚的舊時美好。

INFO

雄偉咖啡廳

🏠 Rua Santa Catarina 112　　　　　　　📞 +351 22 200 3887
🕐 09:30 ～ 24:00（周日休）
💲 Café € 3、葡式蛋塔 € 2.5、早餐組合（pequeno almoço a majestic）€ 30、Francesinha € 20（人均：€ 10 ～ 30）
🚇 Bolhão 地鐵站以南 300 公尺
📍 聖伊爾德豐索教堂、波爾圖傳統市場、聖靈教堂、戰鬥廣場、聖本篤火車站
🌐 cafemajestic.com

佩德羅烤雞專賣店 Pedro dos Frangos

聞香排隊

　　創業於 1961 年的佩德羅，是波爾圖知名度很高的烤肉店，用餐區經常坐滿聞香而來的嗜肉饕客，淋上 Piri-Piri 辣油的烤雞更令人食指大動。透過廚房「油」感十足的玻璃，可見數串烤雞不斷地在炭火上轉動，外皮帶有濃濃的炭烤香，陣陣香味就是最具誘惑力的活廣告。儘管雞肉是從生烤到熟透，雞胸肉卻不會太過乾柴，加上幾滴 Peri-Peri 更有畫龍點睛的神效。

　　除了烤雞，佩德羅也有供應烤海鮮（墨魚、沙丁魚等）與牛肉串（Espetada de vitela na brasa）、香腸、松阪豬、五花肉等燒烤肉類，若想一併嘗試，則可選擇雙人 Mix 綜合拼盤（實際應該是 4 人份），非燒烤的章魚粥（Arroz de Polvo Malandrinho）也頗獲好評，唯調味相當重口味，嘗鮮之餘也得有嘗「鹹」的心理準備。

INFO

佩德羅烤雞專賣店

🏠 Rua do Bonjardim 223（此為料理區、用餐區位於正對面）

📞 +351 22 200 8522　　　　　　　🕐 11:30 ～ 15:00、19:00 ～ 22:30

💲 綜合拼盤 € 22.5、烤鱈魚半份 € 12.5、章魚粥 € 10.5、沙拉 € 6.5、可樂 € 1.3（人均：€ 15 ～ 30）

🚇 Aliados 地鐵站以東 300 公尺

🔍 波爾圖傳統市場、聖靈教堂、自由廣場

📷 facebook.com/pedrodosfrangos
　pedrodosfrangos.pai.pt

食 **安圖內斯餐館 Antunes**

神級葡國菜

鄰近聖靈教堂的安圖內斯餐館，以CP值高、服務友善聞名，不只是當地人推薦品嘗豬下水（菜單上寫作 Tripas à Moda do Porto）的好去處，葡萄牙燉飯（Cozido à Portuguesa）、烤鱈魚（Bacalhau à Moda da Casa）等傳統料理也很出色，其中耗時最久、軟嫩不失嚼勁的柴燒烤豬腳（Pernil Assado no Forno）更是桌桌必點的神級美食。餐館價位親民、大分量、口味一等一，能夠在不傷荷包的情況下，充分領略傳統葡萄牙菜的魅力。需提醒的是，儘管地處非觀光區、看似人跡鮮至，餐館內卻總是人山人海，開店不到 30 分鐘就已客滿，門口時刻擠滿等候入座的熟客，建議務必提前訂

位或趁剛開門光顧。另外，遠近馳名的波爾圖豬下水僅周三、周六供應，之外的時間只能向隅。

INFO

安圖內斯餐館

🏠 Rua do Bonjardim 525 　　　　📞 +351 22 205 2406
🕐 12:00 ～ 15:00、19:00 ～ 22:00
💲 柴燒豬腳 € 16、波爾圖豬下水 € 11.5（半份 € 8.5）（人均：€ 10 ～ 20）
🚇 Trindade 地鐵站出口背面，出站後需迴轉續行 300 公尺
🔍 聖靈教堂
🌐 restantunes.pai.pt

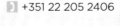

酒莊

蓋亞鎮與波爾圖歷史城區隔杜羅河相望，基於地利之便，自古以來酒商都會將產自杜羅河谷的波特酒運至位在蓋亞鎮的酒窖陳釀（儲存一定時間使酒自然老熟），使這裡成為酒莊林立的知名酒鄉。

河畔的 Av. de Ramos Pinto 道路旁目前已是聚集超過 60 間店鋪的酒莊區，遊客不僅能夠搭乘蓋亞鎮纜車眺望全景，入內參觀酒窖，還可參與當地酒莊的付費導覽團（wine tour，一般收費€ 10 起、解說 30 ～ 50 分＋試飲）。導覽團為現場報名，每趟會使用一種語言（英語、葡語、西語、法語輪替），知名酒莊如卡勒姆、桑德曼的英語較易客滿（周末假日更是熱門），可預留 1、2 小時等候。

INFO

波特酒公司協會 AEVP

蓋亞鎮當地的非營利組織，提供十餘間參加協會的酒莊介紹，內含服務項目（試飲、導覽、購物、飲食等）、營業時間等

cavesvinhodoporto.com

聖尤菲米婭 Quinta Santa Eufémia

試飲的誘餌

聖尤菲米婭酒莊鄰近聖馬里尼亞教堂（Igreja de Santa Marinha），隨著纜車車票贈送試飲券的策略下，幾乎每位乘客都會專程造訪。家族經營的聖尤菲米婭成立於 1864 年，在杜羅河南岸擁有超過 45 公頃的葡萄園，酒莊在保持傳統釀造工藝的同時也導入先進技術，使葡萄酒品質更趨於穩定。

酒莊 1 樓放置酒桶造型的休息座椅與免費洗手間，2 樓則是提供單點與晚間法朵現場表演的品酒吧，持試飲券者可於此兌換一杯€ 3、5cc 的 Rose 或 Ruby。

INFO ....

聖尤菲米婭

🏠 R. de Santa M.nha 77, Vila Nova de Gaia

🕐 10:00 ～ 19:00

🌐 qtastaeufemia.com

 卡勒姆 Cálem

名氣最響

富有盛名的卡勒姆成立於 1859 年，現由家族第四代接班，其生產的波特酒連年榮獲國際大獎，是波爾圖數一數二的頂尖酒莊。卡勒姆不僅專注釀造技術的提升，亦致力發展觀光，推出現場預約登記、收費€ 10 的導覽團（平均每 15 分鐘一團，英、法、西、葡 4 種語言輪替），可近距離欣賞並了解波特酒的釀造過程與箇中差異。卡勒姆的品酒區設置於百年酒窖內，4 至 10 月、周一除外的晚間 18：30 導覽團更可欣賞法朵現場表演，唯收費較一般純導覽團高。

報名導覽團只需在卡勒姆的正門購票即可，售票人員會告知時間最接近且尚有空位（每團限 30 名）的英語團，一般平日需等候 1、2 小時。以筆者參與的 16：

15 導覽團為例，可於 15：45 後刷票進入博物館參觀（館內空間有限、約莫 10 分就可看完），後再跟隨導覽員進入酒窖參觀。導覽員介紹仔細清晰、有問必答，末了還會帶領大家品嘗 3 ～ 4 年分的白酒（Fine）與 10 年分的紅酒（Tawny）各一杯，結束後再自行至銷售區選購。

INFO

卡勒姆

🏠 Av. Diogo Leite 344, Vila Nova de Gaia
📞 +351 22 374 6660
🕐 5 至 10 月 10:00 ～ 19:00；11 月至隔年 4 月 10:00 ～ 18:00
🌐 calem.pt

 ## 桑德曼 Sandeman

蒙面俠 Don

桑德曼酒莊為蘇格蘭移民 George Sandeman 於 1790 年創立，他也被認為是第一位提出「Porto Vintage」分類的酒商（直翻是年分波特酒，指某年分杜羅河谷收成特別好、製成的波特酒風味最佳，價值也會水漲船高）。酒莊目前傳承至七代，其高品質的波特酒與雪莉酒外銷全球，是波爾圖最具代表性的酒莊品牌。桑德曼從招牌、商標、酒桶到導覽員都有「身穿黑斗篷、頭戴圓盤帽、手持酒杯」的人形 Logo，模樣類似蒙面俠蘇洛的神祕客，其實是桑德曼在 1928 年推出的虛擬代言人 Don，其也是世界上最早的品牌商標之一。這個由旅法英籍藝術家 George Massiot Brown 創造的虛擬角色，靈感來自葡萄牙大學生穿著的黑袍與西班牙的傳統紳士帽，甫推出便廣受歡迎，至今仍是桑德曼波特酒的象徵標誌。

INFO

桑德曼

🏠 Largo Miguel Bombarda 3, Vila Nova de Gaia
📞 +351 22 374 0534
🕐 3 至 10 月 10:00 ～ 12:30、14:00 ～ 18:00；11 月至隔年 2 月 09:30 ～ 12:30、14:00 ～ 17:30
🌐 sandeman.com

品味「葡」時
—— 科英布拉＋布拉加 ＋吉馬良斯

Coimbra,Braga,Guimarães

　　古都處處的葡萄牙，動輒數百年老城稀鬆平常，不過位處中北部的科英布拉、布拉加與吉馬良斯，卻堪稱是老而彌堅的箇中翹楚。3 座城市不僅保有古老氛圍，亦融入現代創意與青春活力，見證人類文明史的累積之餘，也能對未來還抱期待！

　　交通方面，由波爾圖前往皆相當便利，班次多、車程僅 1 ～ 2 小時，多數景點可步行到達，稍遠的也可搭乘市區公車前往。但若時間容許，亦可留宿於當地的國家古蹟旅館，細細品味歷史古城的典雅情懷。至於計畫在短時間內搭乘火車自波爾圖往返布拉加、阿威羅、吉馬良斯等 3 地的小資旅客，也可考慮 CP 推出的火車 1 日€ 7 / 3 日€ 15 旅遊卡（Bilhete Turistico），時效內不限搭乘次數，是省時省錢的超值選擇。

科英布拉 Coimbra

　　科英布拉位於波爾圖南方110公里、里斯本北方200公里，葡國境內最大河流──蒙德古河（Rio Mondego，長234公里）河畔。

　　千年前，這座城市就因地處樞紐，而成為南北貿易重鎮，甚至一度是葡萄牙建國初期的首都，再因葡國首間高等學府──科英布拉大學落腳於此，奠定優良深厚的學術傳統與文化基礎。既是底蘊深厚的歷史古都，又是朝氣蓬勃的大學城，在科英布拉可以賞百年教堂穿越時空、可以聽本地法朵體悟人生，品味葡萄牙的過去、現在和未來。

科英布拉觀光指南圖

🚌 中央巴士站

↑ 往科英布拉 B 火車站方向

蒙德古河

科英布拉火車站

聖克拉拉區

① 食　筆記廚房

② 景　聖十字教堂

③ 景　新主教座堂

④ 景　馬沙杜德卡斯特羅國家博物館

⑤ 景　舊主教座堂

⑥ 景　法朵中心

⑦ 食　瑪麗廚房

⑧ 食　澤曼爾餐館

⑨ 景　學校皇宮

⑩ 景　聖米歇爾教堂

⑪ 景　喬安娜圖書館

⑫ 景　迪尼什廣場

⑬ 區　科英布拉大學

⑭ 食　雅典咖啡

⑮ 景　聖克拉拉修道院遺址

交通資訊

波爾圖 or 里斯本出發

　　科英布拉地處波爾圖與里斯本間，除單純的兩點往返，也可採取「里斯本→科英布拉→波爾圖」（或相反）的路線。3 點間的公共運輸相當便利，火車（CP）、巴士（Rede expressos）班次皆多——火車速度快、可提前訂購（兩個月至 5 天前）、最低 6 折早鳥票；巴士票價低、提供免費 Wi-Fi，兩者各有優點。

　　平均來說，除非遇上聖誕節這一類的連續假期，否則巴士一般當天到當天有，以筆者經驗，往返科英布拉的火車均為由波爾圖開往里斯本（或相反）的班次，2 等車廂不僅班班客滿，大行李更多到塞滿行李架（乘坐由科英布拉至波爾圖的班次時，更可能面臨將行李箱塞在腿間、大背包放在腿上的苦境），若時間確定，建議越早預訂車票越好。

火車行李架經常一位難求

火車

對號列車＋區間車

　　科英布拉有科英布拉（Coimbra）與科英布拉 B（Coimbra-B）兩座火車站，前者位在市中心、僅 U、R 一類區間車停靠；後者供 AP、IC 等對號列車停靠，與市區相距 2 公里，其間有區間車穿梭，購買至科英布拉火車站車票者可享 1 小時內免費轉乘，車票上會直接標明轉車班次。附帶一提，來往兩站間的單程票價分別為 U 車種€ 1.6、R 車種€ 1.4。

　　儘管區間車程不過 4 分鐘，但往往需等 20 分鐘才能搭到區間車，以波爾圖 14：52 發的 IC 班次為例，15：55 抵

科英布拉火車站

波爾圖坎帕尼亞火車站

科英布拉 B 火車站

達科英布拉 B 站後，得搭乘 16：29 的接駁班次至科英布拉站。話雖如此，還是建議各位耐心等候，畢竟步行不僅耗時費力，途經道路也屬車多人少的郊區地帶。

自波爾圖前往科英布拉，最便捷的方式是搭乘「坎帕尼亞火車站→科英布拉火車站」班次，途中需在科英布拉 B 火車站轉車（若由聖本篤火車站出發則需先乘區間車至坎帕尼亞火車站）。火車每小時一班，行車時間視車種、轉程次數與停站數多寡約 1.5 ～ 2 小時，單程車票 IC 一等€ 17.2 起、二等€ 13.2 起；AP 一等€ 21.7 起、二等€ 16.7 起，其中也有少量 R 車種行駛，票價€ 8.7、車程 2 小時 41 分。

自里斯本前往科英布拉市區，最簡單的方式是購買「東方車站→科英布拉火車站」的 AP 或 IC 班次，同樣需在科英布拉 B 火車站轉車。火車尖峰時間平均 30 分一班、離峰每小時一班，行車時間視車種與停站多寡約 2 小時（最快 103 分、最慢 157 分），單程車票 IC 一等€ 24.3、二等€ 19.2；AP 一等€ 32.8、二等€ 22.8。

長途巴士
Rede expressos

科英布拉中央巴士站（Central Bus Station）位置介於科英布拉 B 與科英布拉火車站間，連接各城市的長途班次多由 Rede expressos 經營。往返波爾圖、科英布拉的單程票€ 12.5、來回票€ 22.6（網路預訂可享折扣），車程最快 85 分（停站較多的班次則需 150分），視尖離峰每 30 分、75 分、2 小時一班；往返里斯本、科英布拉的單程車票€ 14.5、來回票€ 26.2，

INFO

科英布拉中央巴士站

Av. Fernão de Magalhães 667

科英布拉火車站西北 1 公里

車程最快 140 分（停站較多的班次則需 230 分），平均每 15 至 30 分一班、19:30
後發車間隔拉長。

市區移動

徒步

科英布拉的主要景點都集中在
科英布拉火車站以東、大學附近
的東岸歷史城區內，步行是最適
宜的觀光方式。若時間尚有餘裕，
可步行過橋至對岸的聖克拉拉區
（Santa Clara），造訪 14 世紀
建成的哥德式建築——聖克拉拉

聖克拉拉修道院遺址

修道院遺址（Mosteiro de Santa Clara-a-Velha，門票€ 4），修院於 17 世紀遭洪
水沖毀掩埋，2009 年挖掘重現。

景 點

作為葡萄牙建國初期（1139～1260）的首都，科英布拉老城區內處處是動輒數百年歷史的古建築與教堂，13世紀末創立的葡萄牙首間高等學府「科英布拉大學」，更是整座城市的重心所在。漫步市區，不僅能感受幽雅寧靜的老城氛圍，更有一份徜徉學術長河的溫潤美感，不時還可與穿著傳統黑披肩制服的「蝙蝠」狹路相逢，形成古今交錯的奇異趣味。

INFO ....

科英布拉旅遊網 Turismo de Coimbra

🌐 turismodecoimbra.pt

🔍 提供科英布拉旅遊、交通、購物、飲食、景點、法朵、導覽行程、住宿等即時資訊

法朵中心 Fado ao Centro

Fado For Man

別於女性歌手為主的里斯本法朵，科英布拉法朵則是由男性演唱，歌者與兩名樂手（葡萄牙吉他手、古典吉他手）身穿長褲黑袍，且通常是科英布拉大學的在學生或畢業生。科英布拉法朵最初是男學生抒發情感、記錄生活的管道，風格優美質樸、清新明朗，直到今日，仍有不少學生利用課餘時間到戶外廣場或餐館酒吧演唱法朵或擔任伴奏。

位在老城區內的法朵中心，目的在介紹、推廣和傳承科英布拉法朵，不僅有靜態的圖文展示，每晚也會排定兩場（18：00、19：00）長50分的法朵史回顧與現場表演。表演以影片介紹揭開序幕，繼之陸續由兩位歌者獻唱，中場休息後，引言人會講述一段科英布拉法朵的冷知識：法朵也是男學生向心儀女孩示愛的表現方式，

男方在窗台下演唱法朵情歌，若女方有意交往，就會開關燈 3 次並發出清喉嚨的聲音。語畢，就會請觀眾們改以清喉嚨的方式給歌者鼓勵，十分有趣。

　　由於場地有限、僅 30 個座位，如確定造訪時間，即可先透過官網「Reservas」填表訂位，一般數小時內就可收到確認回函。已訂位者得在表演開始前 20 分鐘完成付款取票手續，否則訂位將被取消，座位先到先選（欲坐前排者需提早 30 分排隊），表演結束後還可品嘗一杯波特酒。

INFO

法朵中心
🏠 Rua Quebra Costas 7　　📞 +351 23 983 7060
🕐 10:00 ～ 23:00
💲 € 10（現場法朵表演＋波特酒）
🚉 科英布拉火車站以東 450 公尺
🌐 fadoaocentro.com/pt

景 舊主教座堂 Sé Velha

來自中世紀的祝福

1139 年，葡萄牙伯爵阿方索‧恩里克斯（Afonso Henriques）在奧里基戰役（Batalha de Ourique）中率領基督教徒軍隊以寡擊眾，戰勝信仰伊斯蘭教的摩爾人。此役後，他自立為葡萄牙國王阿方索一世，宣布定都科英布拉，並出資重建毀於戰火的科英布拉主教座堂，而這就是舊主教座堂的源起。

　　教堂最初由 12 世紀的葡萄牙建築大師、同時也是里斯本主教座堂的設計者 Mestre Roberto 規劃，1185 年繼任者桑喬一世在此加冕，1200 年主體完工，僅迴廊建於稍晚的 1218 年。1772 年，主教座

INFO

舊主教座堂
🏠 Largo Sé Velha
📞 +351 23 982 5273
🕐 周一至周六 10:00 ～ 18:00；
　　周日 12:00 ～ 18:00
💲 € 2.5
🚉 科英布拉火車站以東 550 公尺
🌐 sevelha-coimbra.org

堂移往科英布拉大學旁、空間相對寬廣的新堂（Sé Nova），舊堂則轉作教區行政總部。

舊主教座堂本體為羅馬式風格，內部的修道院與迴廊屬哥德式，而16世紀建成、由雕塑家João de Ruão創作的北立面「似是而非之門」（Porta Especiosa）則是源於文藝復興運動的概念。可貴的是，科英布拉的舊主教座堂至今仍保有12世紀初建成時的模樣，為葡萄牙當今保存最完好的羅馬式主教座堂。

景 新主教座堂 Sé Nova

肅穆華麗的巴洛克經典

新主教座堂毗鄰科英布拉大學，建築屬巴洛克兼矯飾主義風格，教堂立面刻著4位聖人雕像、後側有兩座鐘樓，完成於18世紀聖壇可見規模龐大且奢華繁複的鍍金裝飾雕塑，堂內亦葬有聖人與聖骨。

教堂最初隸屬耶穌會，工程始於1598 年、進展緩慢，1640 年才對外開放。18 世紀中，在首相龐巴爾侯爵驅逐外來勢力的政策下，耶穌會被迫離開葡萄牙，教堂因此空置。1772 年，教區主教以空間更寬敞、可容納更多教友爲由，將主教座堂移轉至相對新穎摩登的新址。主教座堂不僅是科英布拉的信仰中心，大學畢業典禮也在此舉行（時間通常是 5 月的最後一個周日），典禮當日教堂內外被畢業生及其家屬擠得水洩不通，氣氛溫馨歡樂。

INFO ....

新主教座堂
🏠 Largo Feira dos Estudantes
📞 +351 23 982 3138
🕐 周二至周六 09:00 ～ 18:30；周日 10:00 ～
   12:30（周一休）；彌撒時間周六
   18:30、周日 11:00 及 19:00
💲 自由捐獻 € 1 起
🚌 科英布拉火車站以東 800 公尺

 景 ## 馬沙杜德卡斯特羅國家博物館 Museu Nacional de Machado de Castro

宗教藝術亮點

　　博物館以葡萄牙知名雕塑家 Joaquim Machado de Castro（1731 ～ 1822）命名，館藏主要來自科英布拉地

區的修道院與教堂，包括：羅馬時期以降的雕塑、珠寶、繪畫、陶瓷、紡織、聖物、磁磚畫（以繪有數學公式最爲特殊）等千餘件。博物館內展廳多元、動線複雜，先由羅馬時代的建築遺跡開始，再是宗教雕塑、浮雕、繪畫、金工等，需依循工作人員指示才能一廳不漏地順利瀏覽。

基督之墓

博物館內藏品精彩、目不暇給，尤以宗教主題的石雕、木雕與畫作最爲出色，不僅展示工匠技藝的高超細膩，亦呈現中世紀的藝術美感，著名雕塑如：黑基督（Cristo Negro，14th）、基督之墓（Cristo Morto no Túmulo，15th）與聖誕

祭壇（Retábulo da Natividade，1530）等；畫作則有比利時畫家 Quentin Metsys 的基督受難三聯畫（Tríptico da Paixão de Cristo，1514～1517）、聖母升天（Assunção da Virgem，1475～1500）及耶穌的哀歌（Lamentação de Cristo，1570～1580）等。

除葡萄牙本地文物，也有少量來自中東和遠東（中國和日本）的地毯、家具等裝飾藝品，成就博物館的多元性。

INFO

馬沙杜德卡斯特羅國家博物館
🏠 Largo Dr. José Rodrigues
📞 +351 23 985 3070
🕐 周三至周日 10:00～18:00；周二 14:00～
　 18:00（周一休）
💲 € 6
📍 科英布拉火車站以東 700 公尺
🌐 museummachadocastro.pt

科英布拉大學 Universidade de Coimbra

最古老大學

創建於 1290 年的科英布拉大學，不僅為葡萄牙第一所高等學府，亦是伊比利半島上歷史第二悠久的高等學府（僅晚於 1218 年成立的西班牙薩拉曼卡大學），最早設有藝術學院、法學院、教會法學院、醫學院等 4 個教育單位。回溯學

校的創立背景，與國王迪尼什一世傾向中央集權的政治作風密切相關，當時他為與天主教會抗衡，採取多項措施，科英布拉大學就是他為打破教會學校壟斷知識而產生的結果。大學初期建於里斯本，1308 年移往科英布拉，1354 年遷返里斯本，1537 年在約翰三世的主導下確立長駐科英布拉，為了展現決心，他更將自己曾住過的皇宮贈予學校。

科英布拉大學依山丘而建，旅客多由熱鬧的 Rua Ferreira Borges 街道鑽入盤根錯節且富饒趣味的巷弄，一些學生經常光顧的餐廳、商店都散布於此。沿上坡經過

約翰三世立身像

舊主教座堂、馬沙杜德卡斯特羅國家博物館及其對面的新主教座堂右轉續往上走，左手邊依序是藝術學院（Faculdade de Letras）、醫學院（Faculdade de Medicina）等學術機構，最末端為豎立著大學創建者國王迪尼什一世雕像的迪尼什廣場（Praça Dom Dinis）；右手邊就是大學的售票處與主要參觀區。目前共有 5 種門票方案，其中以含括學校皇宮（Paço das Escolas）、喬安娜圖書館、聖米歇爾教堂等主要景點的方案 3「Paço das Escolas」最受歡迎，時間允許還可加購方案 5「Torre」登上大學塔（Torre da

Universidade，不定期維修封閉）眺望校園與老城區。購票後，續走穿越鐵之門（Porta Férrea），就是由學校皇宮、聖米歇爾教堂與學校皇宮圍繞的廣場，中央立有約翰三世立身像。

作為整座城市的中心，科英布拉大學不僅是歷史悠久的教育單位，更被視為城市的文化根基。漫步市區，經常可見穿著傳統黑色長披肩的學生，這便是他們被暱稱為「蝙蝠」的由來。整點傳來的上課鐘聲，源自校園內一座古老的巴洛克式鐘塔，「蝙蝠們」習慣稱鐘塔為「山羊」，而鐘聲則是「山羊叫聲」。

時至今日，大學仍遵循百年來的共和國制度（自主學生公寓）和傳統慶祝活動，其中最知名的莫過每年 5 月上旬舉行的「燒帶節」（Queima das Fitas）遊行，活動當日，全體學生會以震天的咳嗽聲揭開活動序幕，身著黑袍的畢業生穿戴代表學院標誌色彩的手杖（黃色是醫學院、紅色是法學院、皇室藍是文學院等）、禮帽與象徵捆書帶的緞帶出席。花車遊行結束後，畢業生會在校園廣場將緞帶拋進爐火焚燒，慶祝學生生涯的就此終了。除此之外，還有每年 10 月慶祝學年開端、奔放迎新的「罐頭節」（Cortejo da Latada，學生們以罐頭等鐵器製造噪音熱烈歡迎新同學），5 月下旬於新主教座堂舉行的畢業典禮、畢業季晚間舉行的法朵音樂會，以及 3 月 1 日的大學校慶等。

INFO

科英布拉大學

🏠 Rua Larga　　　　　　　📞 +351 23 985 9900

🕐 3 月 15 日至 10 月 31 日 09:00 ～ 19:00；11 月至 3 月 14 日 10:00 ～ 19:00

💲 方案 1 ── Do Paço ao Colégio € 12、方案 3 ── Paço das Escolas € 10、大學塔 € 2

🚉 科英布拉火車站以東 800 公尺

🌐 uc.pt

📋 票價詳情 uc.pt/informacaopara/visit/bilhetes

聖米歇爾教堂 Capela de São Miguel
宗教藝術薈萃

　　與學校皇宮連成一氣的聖米歇爾教堂，主奉代表正義的聖米歇爾天使長（或稱大天使米迦勒），教堂建於 16 世紀初，由葡萄牙知名建築師 Marcos Pires、Diogo de Castilho 設計，是有明顯裝飾風格的曼努埃爾式建築。堂內空間小而華麗，牆面與天花板均貼有產於里斯本、作工細緻的磁磚畫，主祭壇以耶穌的一生爲主題，畫作爲葡籍畫家 Simão Rodrigues 與 Domingos Vieira Serrão 的共同創作，採用當時歐洲新興的矯飾主義手法，其餘木雕、壁畫也都來自葡國各領域的知名藝術家。教堂另一個看點，是製造於 1733 年的巴洛克式管風琴，琴體由兩千根音管組成，外型古典華麗、樂聲莊重優美。爲維護教堂寧靜與管制人數，大門均處在關閉狀態，已購票者需先敲門並在外等候，待工作人員確認後才可入內，允許拍照但不能使用閃光燈。

喬安娜圖書館 Biblioteca Joanina
華麗藏經閣

　　喬安娜圖書館堪稱是科英布拉大學的鎮校之寶，這座落成於 1728 年的巴洛克式建築，由國王約翰五世下令修建，現藏有 16 ～ 18 世紀的精裝書超過 30 萬冊（最高曾達 150 萬冊，爲安全起見已移往新館），種類涵蓋哲學、神學、法學等領域，被譽爲是世界上最華麗古老的圖書館。館內共 3 個房間、雙層挑高格局，精雕細琢

的古董書架陳列動輒百年的古老書籍，從裝潢擺設到天花壁畫皆是令人震撼的金碧輝煌。特別的是，圖書館最底層有個氣氛迥異、潮溼狹窄的禁閉室（Academic Prison），用以懲戒違反校規的學生。

　　爲減緩館藏耗損，圖書館外牆厚

翻拍自明信片

達 2.11 公尺，館內溫度終年維持在攝氏 18～20 度、溼度 60% 的穩定條件下，目前書籍僅作展示用，除非有重大理由提出申請並經專家核准，否則不得觸碰。

至於古書最大的敵人蠹蟲，館方選擇採取生物防治法，讓蠹蟲的天敵蝙蝠在夜間入內覓食除害。然而，此舉不只得隨時注意並控制蝙蝠數量，傍晚還得將桌面蓋上皮套，避免遭蝙蝠排泄物汙染。除此之外，圖書館也施行嚴格的人流管控，每 20 分鐘最多容許 60 人進入，館內禁止攝影，購票時工作人員會一併告知參觀時間（將時間手寫於票面，一般是購票後 2 小時左右），請提前 15 分至館外排隊等候，圖書館平日大門緊閉，僅管理員有權開啟。

景 聖十字教堂 Igreja de Santa Cruz
開國君主長眠處

建築耗時近百年（1132～1223）的聖十字教堂，為葡萄牙建國初期的重要宗教機構，獲得許多羅馬教宗授予的特權與國王阿方索一世的津貼，建立圖書館和學校等機構，為當時知識與權力的匯聚中心。教堂最初由 12 世紀的建築大師 Mestre Roberto 設計的羅馬式建築，唯面貌已在 16 世紀初被徹底改變；1507 年，坐享葡萄牙航海事業豐碩果實、被譽為「幸運兒」的國王曼努埃爾一世下令對聖十字教堂進行大規模翻修重建，多位備受敬重的建築師、雕塑家與畫家齊聚於此，建築風格也轉為當時興起的曼努埃爾式。不僅如此，曼努埃爾一世還將開國君主阿方索一世及其繼任者桑喬一世的棺木遷至祭壇兩側，並在石棺周圍雕刻精緻細膩的裝飾，彰顯教堂的皇家尊榮與神聖氛圍。

INFO ··········

聖十字教堂

🏠 Praça 8 de Maio
📞 +351 23 982 2941
🕐 周二至六 09:00～18:00（周六 12:00～14:00 午休）；周日 16:00～17:30（周一休）
💲 教堂＋皇家陵園免費、聖器收藏室＋修道院展覽館 € 2.5
🚉 科英布拉火車站東北 450 公尺
🌐 igrejascruz.webnode.pt

　　科英布拉市區有不少供應傳統葡國菜的家常餐館，規模小而溫馨，餐點訂價合理、分量豐盛，即使精打細算也可大快朵頤。各種烹調手法中，「烤」功最是一流，舉凡時間控制、火侯拿捏都十分講究。最後，儘管溼答答三明治是波爾圖的名菜，但「第一」卻在科英布拉？！想知道誰才是真正的冠軍？讓我們繼續「吃」下去！

 ## 筆記廚房 Notes Bar & Kitchen

葡式小酒館

在貓途鷹獲得極高評價的筆記廚房，以美味道地的葡萄牙美食與高質量的葡萄酒為賣點，尤其擅長烹調海鮮、肉類料理，自製甜點也相當出色，服務態度與氣氛皆佳。

　　主廚不只重視調味與擺盤，亦會根據季節特產推出新菜單，前菜冷盤很有水準之餘，作為餐館擺飾之一的乾式熟成牛排格外值得一嘗，食材講究、料理用心，給予來客兼具視覺與味覺的舒適體驗。

INFO

筆記廚房

🏠 Rua Dr. Manuel Rodrigues 17　　　📞 +351 23 915 1726
🕐 12:00～15:00、18:30～23:00（周六晚間延至 19:00；周日、周一休）
💲 前菜€ 5 起、主餐€ 12、乾式熟成牛排 250g € 25、
　　Sangria € 12.5／壺（人均：€ 20～30）
🚇 科英布拉火車站東北 550 公尺
📷 facebook.com/notesbarandkitchen

澤曼爾餐館 Zé Manel dos Ossos

好「豬」！正統葡國家常菜

　　沒有簡潔清新的裝潢（牆上掛著各種茶壺、油燈等古物與滿滿寫在餐巾紙上的留言）、也無美麗開闊的河景，低調隱身在街道內的澤曼爾，卻是許多食客心目中首屈一指的傳統葡國餐館。店家最擅長處理肉類，烤小牛排（Costeleta de Vitela）鮮嫩多汁，豬肉菜式諸如：燉排骨（Ossos de Suã）、豆子燉豬肉（Feijoada de Javali）、蘑菇燒排骨（Cogumelos Aporcalhados）更是必點招牌。食材新鮮之餘，製作過程亦相當正宗，菜色美味、分量充足，形成「餐館狹窄但食物壯觀」的有趣反差。經濟實惠的高 CP 值口碑，使店內經常高朋滿座，至少得提早半小時排隊候位。

INFO

澤曼爾餐館
- 🏠 Beco do Forno 12
- 📞 +351 23 982 3790
- 🕐 周一至五12:30～15:00、19:30～22:00；周六12:30～15:00（周日休）
- 💲 燉排骨1／2 € 5.75、豆子燉豬肉1／2 € 8.1、烤小牛排€ 9.75（人均：€ 10～20）
- 🚇 科英布拉火車站東南 250 公尺

 瑪麗廚房 A Cozinha da Maria

職業「烤」手

　　瑪麗廚房鄰近火車站，是一間富有南歐風情的小餐館，從服務態度到餐點口味都在水準以上。店家格外擅長烤物，耗時 72 小時慢熟的山羊肉（Cordeiro Assado）柔軟細緻，入口即化絕非溢美形

INFO

瑪麗廚房
- 🏠 Rua das Azeiteiras 65
- 📞 +351 23 982 0867
- 🕐 12:00～15:00、19:00～22:30
- 💲 烤石斑魚€ 13.7、烤鮪魚（Atum Grelhado）€ 11.5（人均：€ 15～30）
- 🚇 科英布拉火車站東南 150 公尺

容，就連一旁的配菜烤馬鈴薯也備受好評，而烤石斑魚（Garoupa Grelhada）與燉煮豬臉頰肉（Bochechas de Porco）也是桌桌必點的招牌菜。

餐點均為現點現製，需等候 20 ～ 30 分鐘，周日晚間還有法朵現場表演，店家不接受信用卡付款，請預先備妥足額現金。

 ## 雅典咖啡 Café Atenas

世界最棒溼答答三明治

　　創業於 1962 年的雅典咖啡，與老城區有一段距離，供應葡國風味的輕食簡餐與甜點，是經營超過半世紀的在地老店。眾餐點中，以溼答答三明治 Francesinha 最受喜愛，上層半熟蛋恰到好處，三明治調味濃重鹹香，不僅店家自誇「世界最好」，更獲各國饕客一致推薦。由於雅典咖啡聲名遠播，用餐時間經常大排長龍，可提前預訂或避開熱門時段。

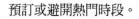

INFO

雅典咖啡

🏠 Rua Lourenço de Almeida Azevedo 352　　📞 +351 23 982 6867

🕐 08:00 ～ 02:00（Francesinha 午間開始供應）

💲 牛排白飯薯條套餐（Bife de Vaca com Arroz Branco e Batata Frit）€ 10、Francesinha € 10（人均：€ 10 ～ 20）

🚉 科英布拉火車站以東 1.5 公里

📷 atenasfrancesinhas.pt

布拉加 Braga

　　布拉加位於波爾圖東北方 55 公里處，是葡萄牙乃至全歐數一數二的歷史宗教名城，市區不僅保有數百年前的建築與格局，亦經常可見巴洛克式的美麗教堂。每年 5 月下旬更舉辦爲期 5 天的古羅馬主題嘉年華（Braga Romana），活動起源在於布拉加是由羅馬帝國開國君主創建的城市，全城從擺攤老闆到餐館店員均作羅馬時期打扮，現場以古法製作手工藝品、街頭表演及戲劇演出等，步行其間宛若穿越時光隧道。儘管與古老畫上等號，今日的布拉加卻靠著商業發達，吸引大量青年移入，亦憑此於 2012 年獲選爲歐洲青年首都（Capital Europeia da Juventude），展現融合典雅與摩登的古都魅力。

INFO

古羅馬主題嘉年華

🕐 每年 5 月的最後一個
　　周三至周日

📷 bragaromana.cm-
　　braga.pt

布拉加觀光指南圖

Rotunda Estação｜公車站

布拉加火車站

往山上仁慈耶穌朝聖所方向 →

① 景 布拉加主教座堂
② 食 比拉情人餐館
③ 食 復古廚房
④ 景 聖十字教堂
⑤ 食 心靈咖啡館
⑥ 食 巴西人咖啡館
⑦ 景 聖塔芭芭拉庭園

交通資訊

波爾圖出發／市區移動

波爾圖出發

火車

　　由波爾圖前往布拉加，火車是最簡單的交通方式，旅客於聖本篤火車站搭乘布拉加專線火車（Line de Braga）即達，尖峰平均 15 ～ 30 分鐘一班、離峰 1 小時

一班，行車時間視車種與停站數多寡約需 60 ～ 80 分鐘，單程車票 U €3.15、來回票 €6.3（不含購買 CP 儲值卡 €0.5）；IC 一等 €12.7、二等 €11.7；AP 一等 €19.7、二等 €14.2。聖本篤車站購票處位於正門右手邊，門口有號碼機，請按 C 購買區間車票並抽取號碼牌，到號時向售票員說明

聖本篤火車站購票處位於右側門

要購買至 Braga 的單程／來回車票○張。之後，至大廳中央看板尋找至布拉加的班次、時間與乘車月台，確認欲搭乘車班後於讀卡機過卡再按鈕開車門上車。

　　行駛於布拉加與波爾圖間的 IC 與 AP 對號列車每日僅 6 班，由坎帕尼亞火車站發出、經布拉加至特羅法（Trofa），對號列車、停站少，實際耗時與非對號區間車 U 差距約半小時，票價則高出 U 數倍（唯對號列車提早訂票可享折扣優惠），如非時間很趕，購票仍以區間車優先。布拉加火車站位於歷史城區西側，附近有多條公車線行經，出站後往東步行約 10 分即達歷史城區。

交通布拉加火車站前公車站

市區移動
徒步＋市區公車

　　布拉加歷史城區內景點集中、步行可達，僅距火車站 7 公里的山上仁慈耶穌朝聖所，可於火車站前搭乘公車 2 號線前往。當地公車網絡由 TUB（Transportes Urbanos de Braga 簡稱）經營，共有 70 多條路線，市中心的中央大街（Av. Central）有不少公車班次行經，TUB 推出「布拉加 ⇨ 山上仁慈耶穌朝聖所觀光行程」（Braga e Bom-Jesus TOUR）旅遊巴士，也以此為起點站。觀光巴士營運時間為每日 09：45 ～ 17：30、共 6 班次，票價每位 €12，行經布拉加主要景點，單趟車程需時 75 分。

INFO

TUB
🌐 tub.pt
🔍 點選「Horários & Percursos」可查知行駛路線、時刻表、票價等資訊；點選「Bracara Tour」則顯示「Braga e Bom-Jesus TOUR」的路線圖、行經景點等詳情

布拉加一直是葡國北部宗教與商業重心，建城史可追溯自西元前 2 世紀的古羅馬時期，之後歷經摩爾人統治，12 世紀正式納入葡萄牙王國。早在西元 4 世紀，布拉加就是基督教的總教區，城市裡處處可見與宗教相關的建築與藝術文化，其中莊嚴肅穆且裝飾講究的教堂更是目光焦點。從歷史城區內的主教座堂、聖十字教堂到市郊的山上仁慈耶穌朝聖所，均彰顯基督信仰對這座城市的重要性。

 聖塔芭芭拉花園 Jardim de Santa Bárbara

城市庭院

地處歷史城區北側的聖塔芭芭拉花園，1955 年對外開放，園內規劃整齊、色彩斑斕，春季花木扶疏，尤以繽紛多元的玫瑰花最為醒目。花園原屬修道院所有，中央的噴水池建於 17 世紀，池上雕像為基督教殉道者聖白芭蕾（Bárbara de Nicomédia），正是花園名稱的由來。聖塔芭芭拉花園與素有「布拉加中世紀宮殿」之稱的布拉加主教宮（Paço Arquiepiscopal Bracarense）遺跡相鄰，宮殿現存 14、15 世紀建成的花崗岩城牆，牆面設置窗戶，頂部可見尖拱與垛口，歷經數百年仍十分堅固。

INFO

聖塔芭芭拉花園
🏠 Rua da Dr. Justino Cruz
🕐 全天
💲 免費
📍 布拉加主教座堂以北 300 公尺

景 **布拉加主教座堂 Sé de Braga**

信仰中心＆國家珍寶

主教座堂又名聖瑪利亞布拉加大教堂（Cathedral of Santa Maria de Braga），不僅是葡國北部布拉加教區（羅馬教廷在葡萄牙的三個總教區之一）的信仰中心，亦是葡萄牙最古老的教堂。主教座堂初建於 1071 年，當時的布拉加甫脫離伊斯蘭教控制，便在首任大主教佩德羅（Pedro de Braga）倡議下動工。數百年間，經歷數度破壞與大幅重修，使其成爲融合羅馬式、哥德式、曼努埃爾式、巴洛克式等特色的複合建築。

主教座堂目前有 3 條參觀路線，分別爲博物館（Tesouro-Museu da Sé de Braga）、禮拜堂與唱詩班（Capelas e Coro Alto）及大教堂（Cathedral）。博物館陳列聖物、雕像與磁磚畫等宗教藝品，教堂內裝潢精緻華美、金碧輝煌，可見規模宏偉的管風琴與巧奪天工的唱詩班座椅，耶穌像前放置的 8 尊石像則是曾迫害耶穌的罪人。禮拜堂的部分，巴洛克風格雕飾的聖杰拉德禮拜堂（Capela de São Geraldo）磁磚畫皆是葡萄牙宗教畫家 António de Oliveira Bernardes 的創作，地底則爲 18 世紀初的布拉加大主教 D. Rodrigo de Moura Teles 的長眠處；另一座哥德式風格的國王禮拜堂（Capela dos Reis），放有葡萄牙開國君主阿方索一世雙親的棺木。禮拜堂部分由館方人員逐一開門介紹，堂內一律禁止攝影。

INFO

布拉加主教座堂

🏠 Rua Dom Paio Mendes
📞 +351 25 326 3317
🕐 09:30 ～ 12:30、14:30 ～ 17:30（夏季延長至 18:30）
💲 博物館 €3、禮拜堂與唱詩班 €2、大教堂 €2、任擇二 €4、全選 €5
🚉 布拉加火車站以東 800 公尺
🌐 se-braga.pt

聖十字教堂 Igreja de Santa Cruz

3 隻公雞躲貓貓

　　花崗岩材質的聖十字教堂始建於 17 世紀上半，工程進度緩慢，歷時百餘年才告完成，為布拉加地區巴洛克式教堂的代表。堂內裝飾出自聖本篤會修士、同時也是雕塑家 José de Santo António Vilaça 之手，鍍金祭壇、管風琴與石製拱頂皆講究左右對稱，氣氛平和莊重，唯堂內不允許攝影。另一提，教堂旁的美

INFO

聖十字教堂

Largo Carlos Amarante

+351 25 320 5900

09:30 ～ 19:00（禮拜時間 11:00、18:00）

免費

布拉加主教座堂以東 350 公尺

麗建築是始業於 16 世紀初的聖馬可醫院（Hospital de São Marcos），2011 年歇業，目前規劃轉作旅遊商業用途。

　　聖十字教堂前不時有人駐足張望，他們並非被立面華麗細膩的巴洛克裝飾吸引，而是搜尋隱藏在浮雕內的 3 隻公雞！相傳能全數找到的人，單身的可遇見完美伴侶、有對象的會步入禮堂，可惜絕大多數的挑戰者僅能覓得兩隻……只有極少數眼光銳利的幸運兒，有機會見著代表幸福美滿的第 3 隻。「尋找公雞」的同時，也可欣賞教堂立面的雕飾，入口上方的 13 個圖案象徵耶穌受難的歷程，如：荊棘冠冕、指甲、苦膽、矛、鞭等，兩端分別各有一隻公雞（破梗）；立面中央是兩個桅杆交叉於十字架，其左右兩側分別是「結果實的樹」與「棕櫚樹」，兩者為十字架的生命之樹；頂部則是被葡萄牙環抱的渾天儀與皇冠。

山上仁慈耶穌朝聖所 Santuário do Bom Jesus do Monte

最美教堂朝聖之旅

位在市郊 Tenões 的山上仁慈耶穌朝聖所，是布拉加最具代表的朝聖景區，自古以來，葡萄牙乃至全歐均有將山頂視為宗教聖地的傳統，仁慈耶穌山的來歷也是如此。1373 年修士開始在山頂修築小禮拜堂，15、16 世紀幾度改建，1629 年信徒有組織地捐建教堂，堂內立起耶穌受難像，以作為禮拜與朝聖者歇息處。

目前所見的朝聖所規模，始於 1722 年的大規模重建，由時任布拉加大主教 D. Rodrigo de Moura Teles 構思並出資，先後完成兩段階梯與一座巴洛克風格教堂。18 下半至 19 世紀，陸續建成第三段階梯、拆除老教堂與重建一座新古典主義風格的教堂。

葡萄牙旅圖攻略

Part 6

品味「葡」時——科英布拉＋布拉加＋吉馬良斯

　　未幾，教堂周邊和樓梯被徵用改作公園，為便於往返聖殿，1882年再修建一座連結山下與朝聖所的仁慈耶穌纜車（Elevador do Bom Jesus），設計者為葡籍法裔工程師 Raul Mesnier du Ponsard（里斯本的4座升降機也是他的作品），這不僅是伊比利半島第一個，亦是目前世上僅存運行中的水平衡纜車系統。纜車行駛距離274公尺，垂直升降高度116公尺、傾斜42度，單趟車程2.5～4分鐘（取決於乘客人數）。

所謂的「水平衡」，是指纜車經由水壓產生動力，即兩座車廂必須一上一下交錯運行，當一個車廂來到最高點，車掌便開始將水注入車廂的儲水艙內，注水量會因乘客的多寡而減增。

山上仁慈耶穌朝聖所最令人震撼的「神聖之路」，是指通往教堂的巴洛克風格迴旋階梯，每層豎立造型各異的耶穌受難像，以及象徵視覺、聽覺、嗅覺、味覺、觸覺的五感噴泉（水分別自眼、耳、鼻、口與手持壺中流出），蘊含淨化信徒思想的用意。

朝聖所曲折樓梯的設計，主要是讓朝聖者透過攀爬（傳統是用膝蓋跪爬）體驗耶穌受難的苦路過程，從而由追求物質轉向靈性美德的神學思索歷程，最終以階梯頂端的教堂作為心靈依歸。教堂的主祭壇除了耶穌受難像的形象，兩旁還有與祂同釘十字架的罪人與將祂入罪的士兵，是比較少見的場景。

INFO

山上仁慈耶穌朝聖所
- Estrada do Bom Jesus, 4715-261 Tenões
- +351 25 367 6636　　⊙ 09:00～19:00
- 免費
- 布拉加火車站前 Rotunda Estação I 公車站乘公車 2 號線至終點 Bom Jesus 站，票價 € 1.65（向司機購買、小額鈔票可找零），行經 16 站，車程 20 分，到達後可選擇徒步爬 600 階上山或搭纜車前往；返時於下車處對面公車亭候車，回市區票價同樣為 € 1.65
- bomjesus.pt

仁慈耶穌纜車
- Parque do Bom Jesus（Bom Jesus 公車站旁）
- +351 25 326 2550
- ⊙ 08:00～20:00
- 單程 € 1.2、來回 € 2（建議乘纜車上山、步行下山）

美 食

　　布拉加市區有不少別具特色的小餐館，規模不大、創意無窮，店家展現自我風格之餘，也重視餐點呈現與口味變化，嘗試在傳統葡式料理中玩出新花樣。因晚餐時間多在7點以後，為免深夜奔波的安全疑慮，建議當日往返的旅客以享用午餐為佳。

食 復古廚房 Retro Kitchen

家的滋味

　　復古廚房由一對熱中懷舊的青年夫妻經營，空間設計走復古路線，木窗框、老檯燈、陶瓷狗等，樸實無華、細膩用心，彷彿回到記憶裡兒時溫馨的家。餐廳供應傳統葡式菜餚，氣氛舒適清新、食物美味道地，鱈魚料理、炸肉排與鴨胸飯、甜點都很出色，嗜肉者也別錯過分量滿點的大牛排（Naco de

Carne）。午間推出的高 CP 值套餐則屬健康風味，一般有 2 款主餐可供選擇，以雞、魚一類白肉為主，適合偏好清爽無負擔料理的朋友。復古廚房午、晚餐營業時間各僅 2.5 小時，加上店內座位有限，如確定造訪時間，可透過臉書發訊息方式向店家訂位，即時又便利。

INFO

復古廚房
🏠 Rua do Anjo 96　　　　　　　　📱 +351 25 326 7023
🕐 12:00 ～ 14:30、20:00 ～ 22:30（周日、周二休）
💲 午間套餐每日精選 € 5 ～ 7（含飲用水、餐前麵包、湯、主餐與餐後咖啡）、晚餐主菜每道 € 8 ～ 12、檸檬派 € 2.5（人均：€ 10 ～ 20）
📍 布拉加主教座堂東南 350 公尺
🌐 facebook.com/retrokitchenbraga

比拉情人餐館 Bira dos Namorados

漢堡迷＋雜貨控

　　備受好評的比拉情人餐館，以豐盛而多變化的漢堡與葡萄牙經典速食「牛扒包」（Prego）馳名。儘管都是以麵包夾入肉排、蔬菜、起司等食材組合而成，不同點在牛扒包使用的是由麵粉和番薯粉混和後，以蒜香牛油烘烤而成的葡式傳統麵餅（Bolo de Caco），口感相對紮實且多添一股油酥風味。餐館裝潢屬繽紛雜貨風格，壁畫、掛飾、擺件、燈具乃至餐盤，富饒葡式趣味，復以出色餐點與精緻甜品，成爲到布拉加必訪的簡餐首選。

INFO

比拉情人餐館
🏠 Rua Dom Gonçalo Pereira 85　　　📞 +351 25 303 9571
🕐 周二至周六 12:00 ～ 14:30、19:30 ～ 23:00（周一僅晚餐營業、周日休）
💲 牛排三明治 € 6.25 ～ 9.5、漢堡 € 4.95 ～
　 7.25、套餐 € 6（人均：€ 10）
📍 布拉加主教座堂以南 180 公尺
🌐 biradosnamorados.pt

心靈咖啡館 Spirito Cupcakes & Coffee

至尊 Gelado ！

　　開業於 2011 年的「Spirito」，是發源於布拉加的葡萄牙連鎖咖啡館，販售手工義式冰淇淋（Gelado Artesanal）、杯子蛋糕（Cupcakes）、提拉米蘇（Tiramissu）等各式糕點及 40 多款飲品。咖啡館位於三層樓的舊式建築內，空間簡潔明亮，戶外爲舒

適寬敞的露天咖啡座（冬季不開放）。陽光燦爛的午後，品嘗店家自製的濃醇香冰淇淋，確是消除旅途疲憊的最佳良方！

INFO ....

心靈咖啡館

🏠 Largo de São João do Souto 19

📞 +351 25 326 8374

🕐 周一至周四 13:30 ～ 19:00；周五與周六 13:30 ～ 19:00、
21:00 ～ 00:00（周日休）

💲 € 5 ～ 10

🚏 布拉加主教座堂以東 200 公尺

🌐 facebook.com/spiritocupcakes

 # 巴西人咖啡館 Café A Brasileira

百年 Café

　　說到巴西人咖啡館，腦海浮現的多是位於里斯本的老店，其實在布拉加、鄰近聖馬丁男爵廣場（Largo do Barão de São Martinho）同樣有間創業於 1907 年的巴西人咖啡館，實際上兩間店正是源於同一批團隊。顧名思義，巴西人咖啡的「首任老闆」是家族在巴西經營咖啡生意的葡萄牙移民第二代，主打販售產自巴西的優質咖啡，之後雖然轉手經營，仍保有傳統的風格與氛圍。時至今日，店內經常坐滿慕名而來的遊人與經常光顧的在地熟客，品嘗美味的濃縮咖啡、葡式蛋塔與溼答答三明治之餘，亦能享受無價的優雅情調。

INFO ....

巴西人咖啡（布拉加）

🏠 Largo Barao de Sao Martinho 17　　　📞 +351 25 326 2104

🕐 08:00 ～ 00:00

💲 葡式蛋塔 € 0.8、美式咖啡 € 1.4、Francesinha € 5 ～ 7
（人均：€ 5 ～ 10）

🚏 布拉加主教座堂以東 350 公尺

🌐 facebook.com/CafeABrasileiraBraga

吉馬良斯 Guimarães

　　吉馬良斯地處波爾圖東北方 60 公里，為開國君主阿方索一世的誕生地，古城不僅走過千年風霜，亦被視為葡萄牙的原點。長年來，歷史城區有計畫地保存中世紀以降的街廓格局及建築形式，透過市民的努力與堅持，促成現代文明和傳統文化的自然接軌，市內街道整齊清潔、花木修剪有條不紊，使吉馬良斯不只古，還古得有人味！

吉馬良斯觀光指南圖

吉馬良斯纜車站

↓ 往火車站方向

往主教山方向 ↘

1 食 多瑙河酒吧

2 景 聖方濟各堂

3 景 孔索拉桑和聖帕索斯聖母教堂

4 食 克拉里糕點店

5 景 聖彼得教堂

6 食 安東尼奧餐館

7 食 BUXA

8 景 奧利維拉廣場

9 景 奧利維拉聖母教堂

10 景 阿爾貝托·薩姆巴伊奧博物館

11 景 布拉干薩公爵宮

12 景 聖米格爾城堡教堂

13 景 吉馬良斯城堡

交通資訊

波爾圖出發／市區移動

波爾圖出發

火車

坎帕尼亞火車站可搭乘專線往吉馬良斯

由波爾圖前往吉馬良斯，最便利的方式是在坎帕尼亞火車站（可於聖本篤火車站乘接駁車前往）搭吉馬良斯專線火車（Line de Guimarães），班距尖峰 30 分、離峰 1 ～ 2 小時，行車時間視車種與停站數多寡約需 53 ～ 73 分，單程車票區間車 U € 3.1，對號列車 IC 一等 € 12.7、二等 € 11.7，AP 一等 € 19.7、二等 € 14.2。

需留意的是，行駛於吉馬良斯與波爾圖間的對號列車每日僅 2 班，雖然 AP 車程 53 分、IC 則為 57 分，但票價卻有一段差距，旅客可視購票時間（提早訂購對號列車折扣票相對划算）、行程安排，斟酌選擇搭乘車種。吉馬良斯火車站位於歷史城區南方約 800 公尺，周邊為新建住宅區，出站後依循指標步行 10 分即可到達歷史城區。

主教山禮拜堂

市區移動

徒步＋吉馬良斯纜車

吉馬良斯歷史城區範圍很小，各景點可步行到達，僅前往城區東南側的主教山（Monte da Penha，或音譯作佩尼亞山）需借助連結市區與山頂的吉馬良斯纜車（Teleférico de Guimarães）。

觀光纜車始業於 1995 年，全長 1,700 公尺、垂直升降高度 400 公尺。短短 8 分鐘，不僅能鳥瞰整座城市與壯麗的山谷景致，亦可不費吹灰之力地抵達海拔 617 公尺的主教山。

作爲吉馬良斯的制高點，主教山位在歷史城區東南方，最知名的建築物爲山頂的主教山禮拜堂（Santuário da Penha），教堂工程始於 1930 年、1947 年落成，屬花崗岩材質。主教山禮拜堂由葡籍建築師 José Marques da Silva 設計（與聖本篤火車站相同），他以當時主流的裝飾藝術（Art Deco）風格爲主軸，透過直線簡潔的線條體現無機美感，將教堂建成富有表現力與現代感的獨特建築。

INFO

吉馬良斯纜車
- Rua Comendador Joaquim Sousa Oliveira 37
- +351 25 351 5085
- 8 月 10:00 ～ 20：00；9 月 10:00 ～ 19:00；6 月、7 月周一至周五 10:00 ～ 19:00、周六至周日延長至 20:00；4 月、5 月、10 月 10:00 ～ 18:30；11 月至隔年 3 月周一至周四休、周五至周日 10:00 ～ 17:30（去程時工作人員會提醒最後一班纜車的時間）
- 單程€ 3、往返€ 5
- 奧利維拉廣場以東 750 公尺、吉馬良斯火車站東北 1.3 公里
- turipenha.pt

主教山
- Monte da Penha
- 主教山又名聖卡塔琳娜山（Monte de Santa Catarina），現被列入保護區，區域內設置基礎露營設施、迷你高爾夫球場與健行步道等，也有教堂、古蹟、山洞、旅社、餐廳、咖啡館、酒吧與遊園小火車（單程每人€ 2.5 ／ 15 分、4 月至 10 月 10:00 ～ 19:00 行駛）、馬術練習場等，兼具自然環境和休閒遊憩功能，爲吸引上萬遊客的暑期度假勝地

主教山禮拜堂
- Varanda de Pilatos
- +351 25 341 4114
- 周一至周五 10:00 ～ 18:00；周六至周日 09:00 ～ 19:00
- penhaguimaraes.com

踏入歷史城區，就是一堵寫有葡文「葡萄牙在此誕生」（Aqui Nasceu Portugal）的城牆，揭示吉馬良斯作為國家源頭的歷史定位。時至今日，此地雖非蓬勃發展的政經中心，卻以古都之姿獨步全國，更於2006年列入世界文化遺產、2012年選為歐洲文化之都，是繼1994年里斯本、2001年波爾圖後第三個入選的葡國城市。漫步吉馬良斯，不時可見動輒數百年的教堂、城牆遺跡，走累了不妨到廣場附近歇息，享受與世無爭的舊日時光。

INFO

吉馬良斯旅遊網 Guimarães Turismo

 www2.cm-guimaraes.pt

提供吉馬良斯旅遊、交通、購物、飲食、住宿、景點、表演、導覽行程等即時資訊

 ## 奧利維拉廣場 Praça da Oliveira

歷史城區中心

廣場位於吉馬良斯歷史城區中心，部分區域設有露天咖啡座，附近聚集多間餐廳、咖啡館與商店、旅社、畫廊、紀念品店，蘊含慢節奏的生活感。周邊都是富有

歷史的古老建築，2、3層樓高的木結構老宅隨處可見，彷彿回到中古世紀的南歐小鎮。

廣場東側的哥德式神殿為14世紀建築，是為紀念阿方索四世（Afonso IV）於薩拉多戰役（Batalha

do Salado）擊敗摩爾人所建；南側的哥德式紀念碑則源於 1385 年的阿勒祖巴洛特戰役（Battle of Aljubarrota），此戰的勝利使約翰一世的政權獲得穩固。

廣場名稱中的「Oliveira」意譯為橄欖枝，傳說與 7 世紀西哥特國王萬巴（Wamba）的誓言有關，他最初拒絕接受任命，面臨貴族的不斷逼迫，聲稱除非將橄欖枝埋進砂中依舊萌發新芽才願意擔任新王，未料插入砂土的枝幹瞬間枝繁葉茂，萬巴只得實踐承諾。據稱廣場就是當年的橄欖枝萌芽處，此地目前也植有橄欖樹。

INFO
奧利維拉廣場
🏠 Rua da Calçada 11
🕐 全天
🚉 吉馬良斯火車站以北 1.2 公里

景 奧利維拉聖母教堂 Igreja de Nossa Senhora da Oliveira

見證葡國千年史

鄰近奧利維拉廣場的同名聖母教堂，又稱作吉馬良斯學院教堂（Igreja da Colegiada de Guimarães），為葡萄牙北部最具代表性的哥德式、花崗岩材質建築。教堂始建於 949 年，為當時伊比利半島西北部最有權勢的伯爵夫人 Mumadona Dias，出資設立的羅馬式修道院。

1110 年，葡萄牙伯爵亨利（Henrique de Borgonha，即阿方索一世的父親）下令重建，將修院改造成具教育功能的學院教堂，遂成為中世紀全國最重要的宗教機構。此後，教堂陸續進行多次修繕，融入曼努埃爾式、巴洛克式等藝術手法，祭壇與裝飾則屬新古典主義風格，為 18 世紀葡萄牙宗教畫家 Pedro Alexandrino de Carvalho 的作品。

INFO
奧利維拉聖母教堂
🏠 9,, Largo da Oliveira 8（奧利維拉廣場南面）
📞 +351 25 341 6144
🕐 周一至周六 08:30 ～ 12:00、15:30 ～ 19:30；周日 09:00 ～ 13:00、17:00 ～ 20:00
💲 免費

景 阿爾貝托·薩姆巴伊奧博物館 Museu de Alberto Sampaio

博物館也可以美美的

毗鄰奧利維拉聖母教堂的博物館，建於 1928 年，保存並展示吉馬良斯各教堂與修道院的宗教文物，並藏有 12 ～ 19 世紀的珠寶、雕刻、陶瓷、繪畫、紡織品等，風格涵蓋羅馬、哥德、矯飾主義、巴洛克，數量超過兩千件，其中還包含 12 件珍稀國寶。

館內不僅有許多精雕細琢的鍍金／銀聖器，像是聖爵（Cálice，盛裝葡萄酒的杯具）、聖盒（Cofre-relicário，存放聖體的匣子）、十字架（Cruz），亦可見不同時期的聖母石雕、木刻與金碧輝煌的祭壇（Retábulo），而以宗教故事與歷史事件為主題的畫作中，則以繪於 16 世紀、講述聖若翰洗者遭猶太王希律·安提帕斯斬首的壁畫「Degolação de S. João Batista」最受矚目。館藏精彩之餘，博物館範圍內的花園同樣美輪美奐，稱是最美博物館也不為過。

INFO

阿爾貝托·薩姆巴伊奧博物館

🏠 Rua Alfredo Guimarães（奧利維拉聖母教堂旁）　📞 +351 25 342 3910

🕐 09:00 ～ 18:00（周一休、每月第一個周日免費）

💶 單次 € 3、兩日通票 € 7、博物館＋布拉干薩公爵宮＋吉馬良斯城堡套票 € 8

📍 奧利維拉廣場東南 80 公尺

🌐 masampaio.culturanorte.pt

🔖 套票可於三景點中任一處購買，前往另兩處景點時，只需將套票出示、待工作人員蓋章確認即可。套票沒有時間限制，可今日買、明日去

布拉干薩公爵宮 Paço dos Duques de Bragança

宮殿藍本

　　布拉干薩家族（Duque de Bragança）在葡萄牙王國時期是僅次於王室的貴族勢力，首任公爵爲國王約翰一世與情人 Inês Pires 的私生子阿方索一世（Afonso I, Duque de Bragança，1377 ～ 1461），爵位傳至第 21 任、同時是葡國末代王儲的路易斯‧菲利佩（未婚無子嗣）遭暗殺才告終。位於吉馬良斯的布拉干薩公爵宮，爲阿方索一世公爵的寢宮，由約翰一世下令建造、1442 年落成，這座建物不僅是布拉干薩家族最初也是最具代表性的居所，往後再建的宮殿也是以此爲藍本。

　　公爵宮風格明顯受羅馬式建築影響，整體爲「回」形格局，由 4 個長方形組成，4 角皆設角塔，屋頂立有 39 座相當醒目的磚造煙囪。宮內以博物館形式開放參觀，展示公爵家族所有，來自世界各地的家具、瓷器、服飾與壁畫等，使世人得以一窺中世紀歐洲的貴族生活。

INFO

布拉干薩公爵宮

🏠 Rua Conde Dom Henrique
📞 +351 25 341 2273
🕐 10:00 ～ 18:00
💲 € 5、公爵宮＋阿爾貝托‧薩姆巴伊奧博物館＋吉馬良斯城堡套票 € 8
📍 奧利維拉廣場東北 450 公尺

景

吉馬良斯城堡 Castelo de Guimarães ＋聖米格爾城堡教堂 Igreja de São Miguel do Castelo

葡萄牙的搖籃

城堡位於歷史城區北端，建於 10 世紀，最初在保護修道院免遭受北方諾曼人與南面穆斯林的攻擊。1109 年，葡萄牙開國君主阿方索一世於此誕生，傳聞他就在城堡旁的聖米格爾城堡教堂受洗。教堂規模很小，屬於簡潔的羅馬風格，祭壇僅存石檯，地

吉馬良斯城堡

面則是刻有矛、盾與十字架的墓碑，僅有功於國家的貴族才能埋葬於此。1129 年，成年的阿方索亟欲擺脫與雷昂王國（Reino de Leão，10 ～ 12 世紀存在於伊比利半島西北部的國家）的從屬關係，經過 10 年戰爭，終於 1139 年達成獨立建國的目標，吉馬良斯城堡就此成為葡萄牙王室的居所（數十年後才轉移至科英布拉）。

15 世紀，城堡受砲火毀傷，失去防禦功能，18 世紀上半一度被國王米格爾一世（Miguel I）改作關押政治犯的監獄，之後曾有提議將城堡拆除，將石頭用作鋪設

聖米格爾城堡教堂

街道，唯未獲採納。1910 年，吉馬良斯城堡被列為國家歷史古蹟，修復後對外開放，城堡園區範圍小，目前僅存 7 座防衛塔樓與中央大塔樓，登上城牆可欣賞近處的公爵宮與眺望整座歷史城區，視野遼闊、風景宜人。

INFO

吉馬良斯城堡
- 🏠 Rua Conde Dom Henrique
- 📞 +351 25 341 2273
- 🕐 10:00 ～ 18:00
- 💲 € 2、布拉干薩公爵宮＋阿爾貝托．薩姆巴伊奧博物館＋城堡套票 € 8
- 🗺 奧利維拉廣場東北 700 公尺

聖米格爾城堡教堂
- 🏠 Paço dos Duques, Rua Conde Dom Henrique
- 📞 +351 25 341 2273
- 🕐 10:00 ～ 18:00
- 💲 免費

景 聖彼得教堂 Basílica de São Pedro

流轉的教堂

聖彼得教堂的修築始於 1737 年，1750 年後半圓形後殿（capela-mor）完成並進行祝福儀式，隔年教宗本篤十四世（Pope Benedict XIV）將教堂提升至「Basílica」地位，成為被教廷賦予崇高地位的「宗座聖殿」（通常是大主教所在的教堂或重要宗教事蹟發生的地點才能有此殊榮，聖彼得教堂為前者）。百年間，教堂工程持續進行，曾因拿破崙入侵遭到損壞，20 世紀初教堂建設基本完成，唯預定的第二座鐘樓最終並未建成。聖彼得教堂的外觀屬新古典主義風格，遵循樸實簡潔的藝術主軸，其內部為縱向格局，使用粉藍色調與鍍金裝飾，耶穌聖像由圓拱型且多層次的祭壇凸顯出來，形成獨特的視覺效果。

`INFO` ....

聖彼得教堂
🏠 Largo do Toural 105　　　　　　　　　　📳 +351 25 341 0888
🕐 08:00 ～ 12:00、14:00 ～ 17:30（周三、周六、周日僅上午開放）
💲 免費
🚌 奧利維拉廣場西南 300 公尺
📷 facebook.com/Basílica-São-Pedro-Toural-1850465378512151

....

景 聖方濟各堂 Igreja de São Francisco

累積的美感

聖方濟各堂的歷史可回溯至 1325 年，當時修道院所在位置太靠近城牆，被認定有損村莊的防禦工事，因而下令拆除。1400 年，國王約翰一世諭令重建教堂，工程持續百年，建築風格也由原本的哥德式陸續加入矯飾主義、巴洛克等藝術元素。教堂結構的最大變革發生在 19

世紀中，原本主殿的拱門和殿柱均被拆除，改爲 Miguel Francisco da Silva 設計的細緻精美拱頂與宏偉豪華祭壇，因此參觀聖方濟各堂時請記得抬頭，欣賞巧奪天工的裝飾天花。

INFO

聖方濟各堂

🏠 Largo de São Francisco　📞 +351 25 343 9850
🕐 周二至周六 09:30 ～ 12:00、15:00 ～
　 17:00；周日 09:30 ～ 13:00（周一休）
💲 免費
🚇 奧利維拉廣場南方 300 公尺

 景

孔索拉桑和聖帕索斯聖母教堂 Igreja de Nossa Senhora da Consolação e Santos Passos

雙尖塔＋大花園

13 世紀初，方濟各會傳教士 Frei Guálter 與同伴來到吉馬良斯，經歷一番努力，終於獲得當地人民的信賴與尊敬，他們在城牆附近建立一座修道院，即爲聖母教堂的前身。18 世紀中，修道院改建爲教堂，由出身布拉加的葡萄牙建築師 André Soares 設計。建築屬巴洛克式風格，造型莊嚴雄偉、線條細膩繁複，教堂左右有

兩座對稱的瘦高尖塔，前方則爲整齊開闊的長形花園與噴泉，華麗程度不遜宮殿。因堂內供奉吉馬良斯的守護神 São Guálter（Frei Guálter 去世後因神蹟封聖），故也簡稱「Igreja de São Guálter」。

INFO

孔索拉桑和聖帕索斯聖母教堂

🏠 Largo de São Gualter
📞 +351 25 341 6310
🕐 周 一 至 周 六 07:30 ～ 12:00、15:00 ～
　 17:00；周日 07:30 ～ 12:00
💲 免費
🚇 奧利維拉廣場東南 350 公尺

美食

　　吉馬良斯歷史城區範圍雖小，但舉凡餐廳數量、菜系種類都相當多元，不只可嘗到道地的葡萄牙傳統料理，也有日本壽司、義大利菜等異國風味。如想試試具有豐富創意的新式葡國菜，切莫錯過隱身老城區內的安東尼奧餐館，可以實惠價格品味高質量的出色料理。

BUXA

在地人的小確幸

　　位於奧利維拉廣場一隅的 BUXA，是當地人很喜愛的小餐館，老闆熱心介紹餐點之餘也樂於分享吉馬良斯的點點滴滴，用餐時間經常一位難求。值得一提的是，BUXA 的 Francesinha 醬料鹹甜適中，啤酒與番茄醬的比例恰當，筆者覺得比波爾圖的超「鹹」名店適口許多，加上現炸薯條分開盛盤，外酥內綿口感更加。

INFO

BUXA
🏠 Largo da Oliveira 23　　　　📞 +351 25 205 8242
🕐 12:00 ～ 15:00、19:00 ～ 22:00
💲 Francesinha €10、牛排€13（人均：€10 ～ 20）
🚇 同奧利維拉廣場
🌐 restaurantebuxa.com

安東尼奧餐館 A Cozinha por Antonio Loureiro

星級主廚玩料理

　　出身吉馬良斯的主廚安東尼奧，自小對料理興趣濃厚，投入餐飲業後，曾任職於米其林餐廳 Belcanto（菜色確有異曲同工處）、The Kitchen 等，深厚歷練累積廚藝能量，從而於 2014 年榮獲葡萄牙年度最佳廚師（Chefe Cozinheiro do Ano）殊榮。

　　2016 年中，深獲肯定的安東尼奧在故鄉開業，將創意料理與傳統葡萄牙菜相互融合，讓饕客經歷一趟既熟悉又驚豔的味蕾旅行。餐館不僅會隨四季變換菜單，亦非常講究視覺效果，馬介休料理熟度拿捏恰到好處、羊排鮮嫩超乎想像；顧客坐在富有現代感的空間悠閒用餐之餘，也可透過玻璃欣賞食材經烹調而成盤中饈的神奇過程。

`INFO`

安東尼奧餐館
🏠 Largo do Serralho 4　　　　📞 +351 25 353 4022
🕐 12:30 ～ 15:30、19:30 ～ 23:00（周一僅晚餐時段、周日休）
💲 主餐 € 17.5 起、甜點 € 8（人均：€ 20 ～ 30）
🚇 吉馬良斯火車站以北 1.1 公里、奧利維拉廣場
　　以西 200 公尺
📷 facebook.com/
　　ACozinhaPorAntonioLoureiro

多瑙河酒吧 Bar Danúbio

轉角遇上華麗包

　　作為澳門豬扒包的發源地，葡萄牙不時可見造型相仿的「包」，而且餡料不限於豬扒，也有不同部位的豬肉（腰肉、里肌等）、

牛肉、雞肉與素食口味，甚至有的還添加起司、蔬菜等配料，自動進階爲豪華升級版。位於 Rua de Vila Flor 與 Av. Dom Afonso Henriques 叉口的多瑙河酒吧，即是以選擇多元、服務親切廣受喜愛的葡式簡餐店。爲便於點餐，店家提供英文菜單與實品圖之餘，也將餐點

INFO

多瑙河酒吧
🏠 Av. Dom Afonso Henriques 14
📞 +351 93 115 7398
🕐 12:00 ～ 23:00
💲 豬扒包 € 4.5 ～ 6.5、炸雞翅 € 5、薯條 € 1.2
（人均：€ 10 ～ 20）
🚏 奧利維拉廣場西南 450 公尺、
吉馬良斯火車站以北 650 公尺

名稱簡化爲編號，例如：1 號是起司火腿，2 號是在 1 號的基礎上再加上生菜、美乃滋、芝麻葉、洋蔥、大蒜等。除了豬扒包，店內的牛肉漢堡同屬一絕，望著厚達 3 公分的漢堡肉，只恨自己沒有一張血盆大口！

克拉里糕點店 Pastelaria Clarinha

甜鹹都在行

開業於 1953 年的克拉里，位在聖彼得教堂旁，供應新鮮出爐的葡式蛋塔、傳統糕點與早午餐等甜鹹餐點，是吉馬良斯最知名的糕點店。糕點店裝潢簡單、用餐空間寬敞，標明價格的甜點置於玻璃展示櫃內，顧客可依喜好一指點選，其餘鹹食如沙拉、溼答答三明治等簡餐也相當出色。

店家爲確保產品的質量與鮮度，堅持使用天然原料、遵循傳統食譜製作糕點，成就品質穩定且具家庭風味的美味佳餚。

INFO

克拉里糕點店
🏠 Rua Paio Galvão 87   📞 +351 25 351 6513
🕐 08:00 ～ 22:00（周一休）
💲 蛋糕 € 0.8 起、霜淇淋 € 1.65（人均：€ 5）
🚏 奧利維拉廣場西南 400 公尺
📘 facebook.com/pastelaria.clarinha

釀旅人 35　PE0143

 葡萄牙旅圖攻略：里斯本×波爾
圖×科英布拉×埃武拉×吉馬良
斯×辛特拉×奧比多斯×布拉加

作　　者	粟　子
責任編輯	鄭夙越、杜國維
圖文排版	陳俐君
封面設計	楊廣榕

出版策劃	釀出版
製作發行	秀威資訊科技股份有限公司
	114 台北市內湖區瑞光路76巷65號1樓
	電話：+886-2-2796-3638　傳真：+886-2-2796-1377
	服務信箱：service@showwe.com.tw
	http://www.showwe.com.tw
郵政劃撥	19563868　戶名：秀威資訊科技股份有限公司
展售門市	國家書店【松江門市】
	104 台北市中山區松江路209號1樓
	電話：+886-2-2518-0207　傳真：+886-2-2518-0778
網路訂購	秀威網路書店：https://store.showwe.tw
	國家網路書店：http://www.govbooks.com.tw
法律顧問	毛國樑　律師
總 經 銷	聯合發行股份有限公司
	231新北市新店區寶橋路235巷6弄6號4F
	電話：+886-2-2917-8022　傳真：+886-2-2915-6275

出版日期	2018年3月　BOD一版
定　　價	420元

國家圖書館出版品預行編目

葡萄牙旅圖攻略：里斯本×波爾圖×科英布拉×
　埃武拉×吉馬良斯×辛特拉×奧比多斯×布拉加 /
粟子著. -- 一版. --　臺北市：釀出版, 2018.03
　　面；　公分. --（釀旅人；35）
　　BOD版
　　ISBN 978-986-445-246-0(平裝)

　1. 遊記　2. 葡萄牙

746.29　　　　　　　　　　　　　　107001353

讀者回函卡

感謝您購買本書，為提升服務品質，請填妥以下資料，將讀者回函卡直接寄回或傳真本公司，收到您的寶貴意見後，我們會收藏記錄及檢討，謝謝！如您需要了解本公司最新出版書目、購書優惠或企劃活動，歡迎您上網查詢或下載相關資料：http:// www.showwe.com.tw

您購買的書名：＿＿＿＿＿＿＿＿＿＿＿＿＿＿＿＿＿＿＿＿＿＿

出生日期：＿＿＿＿＿年＿＿＿＿＿月＿＿＿＿＿日

學歷：□高中 (含) 以下　　□大專　　□研究所 (含) 以上

職業：□製造業　□金融業　□資訊業　□軍警　□傳播業　□自由業
　　　□服務業　□公務員　□教職　　□學生　□家管　　□其它＿＿＿

購書地點：□網路書店　□實體書店　□書展　□郵購　□贈閱　□其他

您從何得知本書的消息？

　　□網路書店　□實體書店　□網路搜尋　□電子報　□書訊　□雜誌
　　□傳播媒體　□親友推薦　□網站推薦　□部落格　□其他＿＿＿＿＿

您對本書的評價：(請填代號　1.非常滿意　2.滿意　3.尚可　4.再改進)

　　封面設計＿＿＿　版面編排＿＿＿　內容＿＿＿　文／譯筆＿＿＿　價格＿＿＿

讀完書後您覺得：

　　□很有收穫　□有收穫　□收穫不多　□沒收穫

對我們的建議：＿＿＿＿＿＿＿＿＿＿＿＿＿＿＿＿＿＿＿＿＿＿

＿＿＿＿＿＿＿＿＿＿＿＿＿＿＿＿＿＿＿＿＿＿＿＿＿＿＿＿＿＿

＿＿＿＿＿＿＿＿＿＿＿＿＿＿＿＿＿＿＿＿＿＿＿＿＿＿＿＿＿＿

11466
台北市內湖區瑞光路 76 巷 65 號 1 樓

秀威資訊科技股份有限公司　　　收
BOD 數位出版事業部

....

（請沿線對折寄回，謝謝！）

姓　　名：＿＿＿＿＿＿＿＿　年齡：＿＿＿＿　性別：□女　□男

郵遞區號：□□□□□

地　　址：＿＿＿＿＿＿＿＿＿＿＿＿＿＿＿＿＿

聯絡電話：(日) ＿＿＿＿＿＿＿＿＿　(夜) ＿＿＿＿＿＿＿＿＿

E-mail：＿＿＿＿＿＿＿＿＿＿＿＿＿＿＿＿＿